青少年学习趣味培养

# 地理这样读更有趣

兴 趣 是 最 好 的 学 习 品 质

LEARNING INTEREST

代斌◆编著

中国社会科学出版社

**图书在版编目(CIP)数据**

地理这样读更有趣 / 代斌编著. — 北京 : 中国社会科学出版社，2013.6

(青少年学习趣味培养丛书)

ISBN 978-7-5161-2336-2

Ⅰ. ①地… Ⅱ. ①代… Ⅲ. ①地理-青年读物 ②地理-少年读物 Ⅳ. ①K9-49

中国版本图书馆 CIP 数据核字(2013)第 061360 号

---

**出 版 人** 赵剑英
**责任编辑** 林 玲
**责任校对** 许晓徐
**责任印制** 王 超

---

**出版发行** 中国社会科学出版社
**社 址** 北京鼓楼西大街甲 158 号(邮编 100720)
**网 址** http://www.csspw.cn
中文域名:中国社科网 010-64070619
**发 行 部** 010-84083685
**门 市 部** 010-84029450
**经 销** 新华书店及其他书店

---

**印刷装订** 北京市昌平区新兴胶印厂
**版 次** 2013 年 6 月第 1 版
**印 次** 2015 年 9 月第 3 次印刷

---

**开 本** 710×1000 1/16
**印 张** 10
**字 数** 144 千字
**定 价** 19.80 元

---

# 前 言

每个孩子的心中都有一座快乐的城堡，每座城堡都需要借助思维来筑造。一套包含多项思维内容的经典图书，无疑是送给孩子最特别的礼物。学校是青少年求知的乐园，学科教育是青少年获取知识的重要手段和途径。阅读可以使青少年的知识宝库不断丰富，帮助青少年感受成长的快乐与收获的喜悦。为帮助青少年学会快乐阅读，我们精心编写了本套丛书。

让青少年阅读属于自己的案头读物，让青少年奠定精神成长的大格局。一个希望优秀的人，是应该亲近学科知识的。亲近学科知识最好的方式之一当然就是阅读。阅读与学科知识有关的课外读物，在故事和语言中得到和世俗不一样的气息，优雅的心情和感觉在这同时也就滋生出来；还有很多的智慧和见解，是你在受教育的课堂上和别的书里难以如此生动和有趣地看见的。慢慢地，慢慢地，这阅读就使你有了格调、有了不平庸的眼睛。新课标明确指出：“阅读是搜集处理信息、认识世界、发展思维、获得审美体验的重要途径。”“阅读教学的重点是培养学生具有感受、理解、欣赏和评价的能力。”学生语感的培养、信息的获取、社会的认识、思维的发展都离不开对学科知识的广泛涉猎和独立感悟。课外自由而广泛的阅读，对学科知识的积累、综合能力的提高都具有重要的意义。

本套丛书分别从语文、文学、数学、物理、化学、自然、天文、地理、音乐、舞蹈10个方面入手，探讨了快乐阅读的趣味性。重在帮助青少年提高分析问题和解决问题的能力，让青少年在阅读中积累知识，感受成长的快乐和收获的喜悦。最后，希望本套丛书能给青少年的学科知识创造一个快乐的起点，科学激发青少年的阅读兴趣，锻炼青少年的阅读技巧，提高青少年的语言能力，开启青少年的早期智慧。

# 目　录

## 第一辑　神奇的地理现象

## 第二辑　地理科学家的故事

# 第一辑

## 神奇的地理现象

# “热液硫化物”之谜

可能你不知道，在神秘的海底，有许多的“黑烟囱”正在不停地向外冒着烟，喷发着大量的金属。这些“黑烟囱”就是所谓的深海热液喷口，他们喷出的金属液冷凝后就叫“热液硫化物”。

对于“热液硫化物”的生成原理，海洋科学家们普遍认为：“热液硫化物”是海水侵入海底裂缝，受地壳深处热源的不断加热，溶解地壳内的多种金属化合物，然后再从洋底喷出的烟雾状的喷发物冷凝而成，因此被形象地称为“黑烟囱”。这些亿万年前生长在海底的“黑烟囱”不但能喷“金”吐“银”、形成大量海底矿藏，具有良好的开发前景，而且极有可能和生命起源有关，并具有巨大的生物医药价值。

“热液硫化物”主要出现在深达2000多米的大洋中脊和断裂活动带上，是一种含有铜、锌、铅、金、银等多种元素的重要矿产资源。

## 1. 奇异的“黑烟囱”

现在，科学家们已经在各大洋约150多处地方发现了“黑烟囱”区，它们一般集中在新生大洋的地壳之上，类似大洋中脊和弧后盆地扩张中心的位置。

“黑烟囱”是耸立在海底的硫化堆积物，呈下粗上细的圆筒状，因形似烟囱，所以被科学家形象地称为“黑烟囱”。它们的直径也从数厘米到2米不等，高度从数厘米到50米不等。位于海底的“黑烟囱”堆积群及其堆积物很像教堂或庙宇建筑高耸的复杂尖顶，规模较大的堆积物可以达到体育馆体积大小，约百万吨以上。

专家们认为，海底“黑烟囱”的形成过程很是复杂，它与矿液和海水成分、温度之间存在的差异有很大关系。由于新生大洋地壳或海底裂谷地壳的温度相对较高，海水沿裂隙向下渗透可绵延几公里，在地壳内部加热升温后，淋滤并溶解岩石中的多种金属元素，又沿着裂隙对流上升并在海底喷发。它们刚喷出时为澄清的溶液，在与周围的海水混合后，很快变成“黑烟”并在海底及其浅部通道内堆积成硫化物。

## 2. “黑烟囱”周围的生命

在这些“黑烟囱”的周围还活跃着一个崭新的生物群落——热水生物，如长达3米而无消化器官，全靠硫细菌来提供养分的蠕虫，还有特殊的瓣鳃类、蟹类，这说明地球上除了有常温和有光的环境下通过光合作用生产有机质的“有光食物链”以外，还存在着依靠地球内源能量也就是地热支持，在深海黑暗和高温、高压的环境下，通过化合作用生成有机质的“黑暗食物链”，这一切都构成了繁荣的深海生物圈。换而言之，因为它们都处在海洋深处，阳光不能够照射到那里，所以它们不能依靠光合作用来合成生命物质，而只能通过自身的化学反应合成生命物质来生存。

在海洋中，深海的水温高达350℃，生物生活在这种无氧、无光的高温、高压环境下，并通过依靠氧化大量有毒有害的硫化物，而获得生命的能量。

这种生存环境，很像地球早期环境中的极端高温环境：热泉水温高达350℃，而周围水温为2℃、水深2000多米，不但缺氧，而且还遍布还原性的有毒气体和金属离子。

一些生物基因组的研究也表明，这些生物非常原始，基本上接近所有生命的共同祖先。另外，在海底“黑烟囱”的四周，目前新发现的生物种类已经多达10个门类500多个种属。其生物的多样性以及生物密度也可与热带雨林相提并论。

## 3. 宝贵的矿产资源

这些“黑烟囱”不但为大量深海生物提供了赖以生存的环境，而且它们还能在短时间内为人类提供所需要的宝贵矿物。

“黑烟囱”喷出的大量炽热溶液，这些溶液富含铜、铁、硫、锌，以及少量的铅、银、金、钴等金属和其他若干微量元素。当这些炽热溶液与4℃的海水进行混合后，原来无色透明的海水就变成了黑色的金属硫化物溶液。

这些物质受深海巨大压力的作用而往上跑，但跑不了多高，就会天女散花般地从烟柱顶端四散而落，沉积于烟囱的四周，从而形成含量很高的矿物堆。而且这一过程历经的时间相对较短，一般来说，从一个“黑烟囱”开始喷发到其最终“死亡”，只要十几年到几十年。不过在这么短的时间里，它却可以造矿累积近百吨。这与现在人类开采的石油、煤、铁等矿产的形成相比，无形中就大大地缩短了成矿的时间。而且这种矿相对比较纯净，基本没有土、石等杂质，都是些含量极高的多种金属的化合物，对这些化合物进行简单的分解处理，就可以利用。

现代海底“黑烟囱”及其硫化物矿产的发现，是全球海洋地质调查取得的最重要的科学成就之一。海底热液活动及其产生的多种金属硫化物、生物资源之所以受到国际社会常年关注，并成为国际科学研究前沿的课题，主要是基于其科学意义和资源潜力。人类历经二十多年不懈的调查研究，对大洋底金属硫化物的了解还只是凤毛麟角。可见，许多海域还有待于人类更深入地去探索和发现，相信必定有一天，我们能用上海底“黑烟囱”开采出来的系列产品。

# 北极疑团

## 1. 最早生活在北极的人

人们一直认为，直到距今约 13 万年前，北极地带才开始有人类居住。但在俄罗斯境内北极地区靠近北冰洋的一条河床上，挪威科学家在那里发现了石制的工具和马、驯鹿的骨头，雕刻过的猛犸象牙等。经过放射性探测，发现这些物品约有 3 万—4 万年的历史。这一新发现将该地区的人类劳动史至少向前推进了 2 万年。但这些人到底是尼安德特人还是现代人的直系祖先，目前尚无充足证据加以判断，因此也无法得知这些居住在极北苦寒之地的人到底属于哪一种群。

## 2. 北冰洋浮冰是如何影响长江流域降雨量的

北极表面主要由北冰洋覆盖，北冰洋上长年覆盖着的一层浮冰，最厚达 2000 多米，随着季节的变化，这些浮冰的面积以及厚度也在不断发生变化。由于北极和南极是地球上最主要的冷源，科学家们发现，北极浮冰的变化与全球气候变化，特别是降雨量的变化之间有着神秘的关系。我国的一项统计数据也表明，如果北极浮冰的面积和厚度在冬季时较大，则我国长江流域在雨季的降雨量就会增大。而其他国家的一些监测也同样反映了北极浮冰和降雨量之间存在的某种关系。但人类尚不知是什么机制让远在北极的浮冰对长江流域的降水量产生影响。

## 3. 北极的雾竟是酸的

在北极的浮冰上和北冰洋的海面上，经常会弥漫着一层雾，这种雾浓度很大，能见度极差，甚至人在雾中有时连身边的同伴都看不清，而且雾中还含有酸性物质，对人的眼睛有较强烈的刺激。北极既是冰又是海，湿度很大，有雾当然不难理解，但让人很难理解的是：为什么在北极这样一个几乎是一尘不染的纯洁之地，会出现酸雾？这到底是北极本身具有形成酸雾的环境条件，还是由于北极离人类居住相对集中的北半球较近，从而导致人类生活废气在北极的“汇总”而形成酸雾？目前没有人能够给出准确答案。

## 4. 北极是怎样形成的

假使将地球的北半球或是南半球向东转动100经度，我们就会惊讶地发现，南极大陆与北冰洋的形状以及面积都相差无几，南极大陆差不多刚好能够填入北冰洋，在相距如此遥远的地球两极，怎么会出现这种神奇的吻合？有一位科学家曾提出过一种大胆的解释：在地球演化发展过程中，曾有一颗小行星与地球发生正面碰撞，它从北极处撞击地球，并高速穿过地球中心，又从南极穿出。这当然是一种假想，事情的真相还有待于我们进一步研究。

## 5. 北极会不会出现臭氧空洞

目前，有科学家通过观测发现，北极上空的臭氧含量也正在以每年1%—2%的速度逐年减少。现在，在北极大气层的中心区已出现了一个臭氧含量相对较低的中心区。在北极的气候史上，这种臭氧含量的减少是不是正常？又是什么原因导致这种减少？这个中心区又会不会发展成为像南极一样的臭氧层空洞？当下，科学家们正绞尽脑汁，试图通过在北极冰盖下抽取远古时代的冰，通过从中测量出一种酸根的含量，然后来推算出北极在各个历史时期的臭氧含量，但这种方法是否可行，是不是能够准确反映出北极上空臭氧含量的历史变化，现在却仍是不得而知。

## 6. 为什么北极只有北极熊

虽然北极和南极的气候与环境极其相似，但为什么北极只有北极熊却没有企鹅，而南极却恰恰相反，只有企鹅没有北极熊呢？一些科学家根据板块漂移理论作出推论，认为北极熊和企鹅本来是生活在同一陆地，后来由于板块的漂移，它们分属在不同的板块，越漂越远，导致现在一个在北极，一个在南极，两相遥望。但这种解释有些太过牵强。人们希望这个疑问早日能有答案，这样对生物和地球的演变都将有非同一般的意义。

# 复活节岛之谜

复活节岛处在地球偏僻的一角，孤悬于东太平洋之上，远离其他的岛屿。

复活节岛以西是相距1900公里的皮特凯恩岛，以东是相距700公里的智利西海岸面。复活节岛东北部高出，面对着波利尼西亚小岛群。西南部地势相对比较平缓，与智利海岸遥遥相对。三角状的每个角上各有一座火山。左边是拉诺考火山，右边是拉诺·洛拉科火山，这座火山的斜坡上的巨型石像群是岛上最大的。北方角上就是拉诺阿鲁火山，它紧邻特雷瓦卡山。岛长22.5公里，呈三角状，面积约117平方公里。

复活节岛贫瘠且干旱，岛的中部是风沙肆虐的沙漠，岛上树木奇少，只有杂草。没有供水也没有河流，岛民们也只能靠挖池塘蓄存雨水度日。除了老鼠，岛上没有其他的野生动物。居民不但无法种粮，而且还无法狩猎，只能通过用简陋的木制工具打洞来栽种甘薯和甘蔗，从而艰难度日。可是，这样的一个岛却充满了神秘和传奇。

探险家雅各布·罗格文率领三艘战舰，在东南太平洋的惊涛骇浪中颠簸了数月之久。当他们正在一望无际的大洋上航行时，负责瞭望的水手突然发现远方的海面上有一个绿点，看上去极像是陆地，他立即汇报给舰长罗格文。罗格文听闻后惊奇不已，因为在海图上标明这里没有任何陆地。罗格文马上命令船只向那里驶去。待船只驶近后，他看到这儿的确是一个岛屿，于是便在海图上用墨笔画下了一个黑点，并在这个黑点旁边注上“复活节岛”，因为那天正好是复活节。

罗格文一行刚踏上这个小岛，就被眼前的景象惊呆了。岛上山峦起伏，层峦叠嶂，拉诺·洛拉科火山的身影在蔚蓝的天幕的映衬下显得雄伟挺拔，岛上布满了石头块砌成的墙壁、台阶和庙宇。

在这座岛的南部，他们看到了一个巨大石墙的残迹，石墙的后面耸立着气势恢宏、撼人心魄的巨大石像，数量有几百尊之巨。这些石像至少也有十几米高，都是用整块石头雕成的。有的石像头上还戴着巨大的石头帽子，还有长长的耳垂。这些石像排列在海岸边，面朝着大海，上面还刻着各种人物以及飞鸟鸣禽的花纹。

这些石头人在巨大的石头平台上站立着，脸部的表情生动逼人，有的安详端庄，有的怒目而视，有的似乎在沉思静想，也有的面带杀气，满脸横肉。在拉诺·洛拉科火山坡上，罗格文他们也看到许多类似这样的巨大石像。

罗格文总共发现了500多尊石像，另外，在拉诺·洛拉科火山口的碎石堆里面，还斜躺着150尊没有完成的雕像。那里还有石铸、石斧和石凿等石头制成的工具。

复活节岛上的巨石像来自何处?

考古学家发现，在该岛的山脉上分布有几个采石场。那里坚硬如钢铁般的岩石好像切蛋糕一样被人随意地切开了。几十万立方米的岩石已被凿割成初步的模样。还有300多尊石像，有的尚未完成，有的也只加工了一半，有的已加工好放在远处等待着搬运。采石场上躺着好多等待加工的石料和加工了一半的石像，其中有一个石像的脸部已经雕琢好了，就剩下后脑勺还跟山连着，只要再凿几下就可以了。可是，雕琢它的石匠却没有这样做。由此可见，这里的一切似乎都是戛然而止，到处是石斧、石镐、石钎、石凿，大石料上深刻的凿痕还清晰可见，四处散落着石屑，好像人们突然接到一个无法抗拒的命令，瞬间舍弃了一切匆匆离去。这究竟是怎么回事儿呢？为什么这些人会突然不工作了呢？

另外，有人经过精确的计算后指出，这些工作量至少需要5000个身强力壮的劳动力才能完成。他们还做了一个严格的实验，雕刻其中一件中等大小的石人像，就需要十几个工人干上一年，这还只是雕刻，还不包括完工后的运输。还有人作过另外精确的计算，320个劳动力产生的拉力，才可以拉动一尊重8吨的石像。那么那些重达10吨、20吨、80吨的石像，又是如何拉动的？那这些石像又是怎么竖起来的呢，又是如何戴上这重20吨的红帽子的呢？要知道这个贫瘠的小岛居民们没办法种植粮食，食不果腹，最多也只能勉强维持2000人的基本生存需求，那又是靠什么来养活这5000名强壮的劳动力的呢？他们吃什么呢？而人们在发现这个岛时，岛上只是生活着几百名尚未开化的土著人。他们又如何能够提供5000名劳动力的各种需求，诸如食物、木材、绳索、工具等呢？

而且，这些巨石人像又代表着什么意义呢？复活节岛上的居民们要雕刻这些巨石人像又是为什么呢？

另外，在这个复活节岛上还有一种"会说话的木头"，当地人称它为"科哈乌·朗戈朗戈"。

"朗戈朗戈"，是一种浑圆状深褐色的木板，它们有的像木桨，上面刻满了一行行文字和图案符号，也有长翅的两头人，钩喙、大眼、头两侧长角的双足动物，还有螺纹、小船、蜥蜴、蛙、鱼、龟等。由于宗教干涉缘故，"朗戈朗戈"最终还是被烧毁了，几乎绝迹了。再加上战乱等其他原因，岛上已经找不到能懂这种文字符号的人了。然而更多的有识之士认为，"朗戈朗戈"文字符号，可能是揭开复活节岛古文明之谜的唯一一把钥匙。

根据当地人的记录，人们开始研究这些留下的文字遗迹。其时间主要是在1864—1886年，那时他们企图把这些符号进行分类或是把它们与其他未经破解的文字，比如古印度文字等加以比较。这些破译的尝试分成了三个阶段，其中每一段都与一个象征复活节岛一段历史的图形和一个特定的木简相关联。一百多年来，全球许多学者倾注了毕生精力来破译它，但却一直没有人能将它破译。

复活节岛上的居民管自己居住的地方叫做“吉比托奥吉·赫努阿”，它的意思是“地球的肚脐”。对于这种叫法，一开始人们并不理解是什么意思，直到后来宇航员在航天飞机上从高空鸟瞰地球时，发现这种叫法名副其实。复活节岛孤独地悬浮在浩瀚的太平洋上，确实跟一个小小的“肚脐”一样，这里正好是世界的中心，这就是“世界肚脐”吗？难道古代的岛民们也曾经从高空俯瞰过自己居住的岛屿吗？假如真是如此，那又是谁，通过什么飞行器把他们带到高空的呢？

经过考察研究，科学家们认为，复活节岛早在公元4世纪，也就是说在公元398年就有人居住了。当时，荷兰海军上将罗格文在他的回忆录里提到，那些冲着石像祈祷的人们当中，“他们有的人皮肤呈现褐色，如果就颜色深浅而言，他们与西班牙人近似，但也有肤色较深的人，但另一些人却完全是白皮肤，也有皮肤是红色的人”。由此可见，复活节岛上的居民不单是一个民族，而是好多个民族的人在一起生活。那么，如此一个小岛为什么会有这么多的民族呢？他们又是如何来到这个小岛的呢？

在那时候，人们并没有先进的航海工具，也没有什么用于导航的航海图，要想漂过这浩瀚无际的海洋来到一个无人知晓的地方，可以说是不可能的。难道复活节岛上的居民真是长了翅膀飞到这里来的吗？

曾有人说复活节岛上最早的居民来自太平洋岛屿，是玻利尼西亚人。但是，挪威著名的探险家托尔·海尔达尔却并不认同这种说法。他认为，复活节岛上有着如此奇异的文字，但是玻利尼西亚人却从来就没有过书写文字这种表达形式。换言之，复活节岛最早的人一定是来自有过文字历史的一个或几个民族。后来，海尔达尔在秘鲁考察了一些日子，然后又接着在复活节岛上进行考察，他惊奇地发现，复活节岛上的巨石人像和秘鲁的蒂亚瓦纳科的石雕人像有着惊人类似的地方，且他们的脸上都有着明显的白人特征。

复活节岛上的圣城奥朗戈，就位于岛西南部的拉诺·洛拉科火山口旁，是复活节岛的祭祀中心。在离它不远的海面上有三座小岛，分别是莫多—依基岛、莫多—努依岛和莫多—卡奥卡奥岛。岛上危岩叠嶂，山石挺立。复活节岛人就在奥朗戈和这些小岛上举行挑选“人鸟”的仪式。

“人鸟”仪式其实是由岛上的不同部族各自选派一名英武的勇士，远渡大海游到莫多—努依岛，然后端坐在岛上的洞穴之中，恭候海燕的到来。复活节岛人始终虔诚地相信，伟大的神麦克派来的使者就是海燕。

他们中，第一个得到海燕蛋的勇士，飞快地跑到屹立在海边的山岩上，对等候在海边的本部族代表高喊道：“快剃头！蛋是你的！”然后，他就纵身跳入波涛澎湃的大海中，然后洗净鸟蛋，再用带子把它牢牢地绑在头上，奋力地划动双臂，游回复活节岛。

在他上岸后，他要拿着鸟蛋，快速地跑到奥朗戈。按照岛上的古老传统，第一个把鸟蛋送到奥朗戈的人，无论他是哪个部族的，都将是全岛的领袖，并在全岛享有一年的统治权。他将被剃光头发和眉毛，并被命名为坦加塔·玛努，也就是“人鸟”。然后这一年就用他的名字来称呼，岛民们也会把他当作神的化身来敬拜。这种挑选“人鸟”的仪式，年复一年，代代传承，直到秘鲁海盗袭击复活节岛时，最后一个“人鸟”死去了，这种仪式才不得不终止。

这种挑选“人鸟”仪式的最初阶段，岛上各部族的首领就是到小岛上取鸟蛋的勇士们，后来才改由各部族挑选出来的勇士去。人们在奥朗戈的山岩上发现了111幅手拿海燕蛋的“人鸟”画像，其中的五六幅还被运到圣地亚哥和其他一些城市的博物馆中进行展出。但岩画却并不能代表挑选人鸟的总次数，因为这种仪式很早以前就有了，奥朗戈也早在几百年前就有人类居住了。“人鸟”崇拜在复活节岛上具有非凡的意义，它不单是为岛民们挑选出领袖，更是为了纪念神灵。

各种岛上的传说和曾经到过复活节岛的航海家、学者以及传教士都证明了复活节岛的神秘。考古学家弗朗西斯·玛泽尔曾经认为，“复活节岛的确存在着某些我们无法说明或者至少我们现在还无法解释的地质秘密。”

# 走进西藏

从古到今，西藏都是探险者向往的目的地，那里的神秘莫测带给人们太多的无尽遐想。现在，我们选取西藏的一些神秘事件进行讲述，希望可以满足大家的部分好奇心。

## 西藏野人

西藏“野人”之谜曾经被炒得沸沸扬扬。早在18世纪80年代，我国就已经有西藏野人的文献记载。在喜马拉雅山区经常有人目击野人活动，并发现了野人活动留下的痕迹，如脚印、毛发等。也曾经有若干个考察队深入藏东去考察，但截至目前野人仍旧是一个不解之谜。

## 红雪

在喜马拉雅山5000米以上的冰雪层表面，常点缀着血红色的斑点，远远看去如同红雪。这些红色的斑点是由雪衣藻、溪水绿球藻和雪生纤维藻等藻类植物组成的。在永久性冰雪中，高原藻类分布范围广、耐寒性奇强，就是在零下 36 摄氏度也不至于死亡。由于其含有血色色素，所以呈现为红色，它们与雪混杂在一起，形成了红色的雪。

## 少见的“水火山”

在唐古拉山地区时常发生山丘因为冷冻压力过大而导致自我爆炸的现象，其声震如雷，喷出的水柱有几米高，石块炸起并抛向四方，同时还冒出大量的气体。数十分钟后平息，并留下一个大陷穴。这就是当地人口中所称的水火山。

## 世界上最高的风向标

在天气晴朗的时候，珠穆朗玛峰峰顶常飘浮着形似旗帜的乳白色烟云，这就是传说中的珠峰旗云。旗云是由对流性积云形成，我们可以根据旗云飘动的位置和高度，来判定峰顶风力的大小。如果旗云飘动的位置越向上掀，说明高空此时的风越小；如果旗云飘动的位置越向下倾，那此时高空风力越大；如果和峰顶平齐的话，那风力约有九级。所以，珠峰旗云有“世界上最高的风向标”之美誉。

## 石头崇拜

藏族历来有崇拜石头的奇异现象。这些石头多分布在藏族地区各地，显现与宗教或各种崇拜物紧密相关的一些图像，如形状酷似莲花的石头、形似佛眼的石头、酷似男女生殖器的石头等。在藏族人看来，这些石头具有神性，一定要加以崇拜。

## 香格里拉

香格里拉，又译为“香巴拉”，其意为“持安乐”，传说是佛教中的神话世界，也是时轮佛法的发源地。

藏文史籍对于香格里拉的记载比较详细：香格里拉如同莲瓣状的圆形，位于雪山中央的西端，它周围被雪山环抱，从白雪皑皑的山顶到山脚下的森林，生长着五颜六色的鲜花和各式各样的药草，星罗棋布的大小湖泊，芳草萋萋，绿树葱葱，有许多修行圣地。其中央耸立着富丽堂皇光彩夺目的迦罗波王宫殿，宫殿中央是各王的寝宫宝座，各王拥有许多大臣和强大的军队，还有可以骑乘的狮子、大象、骏马等坐骑无数。这里物产丰富，人民安居乐业，上至王臣权贵下到庶民百姓，人人都信奉佛法，供奉三宝……

可是，佛学界始终认为香格里拉是一个虚构的世外桃源。至于它是否存在，目前尚无人知晓。

## 大鹏鸟之地

“大鹏鸟之地”这里指的是象雄，汉史中记载为“单同”，是西藏高原最早的文明中心。

根据考古研究和相关史籍记载，公元前10世纪，象雄就已在西藏高原崛起，并且远远早于吐蕃与唐朝关系的建立。在公元6—7世纪，象雄以牧为主，并兼有农业。古老的象雄产生过相当高的文明，它不但形成了自己独特的象雄文，而且还成为了西藏传统土著宗教的发源地，对后来的吐蕃乃至整个西藏文化都产生了巨大的影响。象雄王朝鼎盛时期，曾具有强大的军事力量，其疆域涵括了西藏高原的绝大部分地区和青海、四川的一部分，以及西部的克什米尔和拉达克等地。后来，吐蕃慢慢在西藏高原崛起，到公元8世纪时，完全征服了象雄。自那时开始，象雄王国伴随着其文化就突然消失了，与之有关的文字文献、宫殿遗址等至今无从考证，留下了千古之谜。

## 神秘的托架

托架为藏语音译，意为天铁或雷石。相传托架是打雷时天上降下来的铁块，长期埋藏于地下而不锈，且呈现出各种形状和颜色。如果能找到此类物，就可以当作护身符用，具有避邪功用。藏医也多用此物入药，据说可治疗中风等多种疾病。

经多方研究考证，这些托架大多数属于古人类的遗物，其中包括箭镞、小块钢铁及生物化石，当然也有一部分陨石碎片。而在当今藏区，特别是在边远的农牧区，人们仍很看重神秘的托架，如果能佩戴托架，那将是相当的荣耀。

## 藏族巫师

藏族先民们在原始宗教观念的支配下认为：不管是在天上、地下还是水中，都有神灵，而且世间万物也都听命于这些神灵。在人类发展的过程当中，人们不断地幻想能制约和影响客观事物以及部分自然现象，于是便产生了一些祭祀和巫术活动，巫师也就随之出现。巫师作为藏族原始宗教祭祀主持人，据说他们都能通神，并且能同鬼神通话，从而做到上达民意、下传神旨；并且可预知祸福吉凶，祛病除灾；还能从事征兆、占卜，施行招魂、驱鬼等系列巫术。人们都认为他们是人与神之间的桥梁和媒介，所以享有十分崇高的威望。

不过，随着岁月的流逝，我们对巫师的各种情况，诸如名称、传承、服饰、法器、神坛、咒语、巫术、占卜等，却近乎一无所知。原始宗教巫师的本来面目，有待人们进一步去考察。

## 佛教经典

藏族的佛教经典被称为伏藏，它是指藏传佛教徒在其信仰的宗教受到劫难时将其藏匿起来，待劫难过后再重新挖掘出来的经典，主要分为书藏、圣物藏和识藏。书藏就是指经书，圣物藏则指法器、高僧大德的遗物等有关物品。最为神奇的就是识藏，传说当某种经典或咒文在遇到灾难无法流传保存下去时，就由神灵将其授藏于某人的意识深处，避免失传。当具备了再传条件时，就会在某种神秘的启示下，被授藏经文的人（有些是不识字的农牧民）就会将其诵出或记录成文。这一现象就是传说中的伏藏之谜。

## 说唱艺人

《格萨尔王传》是藏族非常著名的长篇英雄史诗，其从原始雏形发展到今天共有一百余部，不愧为鸿篇巨制。《格萨尔王传》在民间有两种形式流传，一种是口头说唱形式，另一种是以抄本、刻本的形式。其主要形式是口头说唱，这种形式是通过说唱艺人的游吟说唱以世代相传，而说唱艺人有着各种传奇故事。

在数量众多的说唱艺人中，那些能说唱多部的优秀艺人都称自己是"神授艺人"，即他们所说唱的故事都是神所赐予的。在藏区，有些十几岁目不识丁的小孩一觉醒来或大病初愈后，竟能将几百万字的长篇史诗随口说唱，而"神授说唱艺人"也多自称说在童年时做过梦，随后生病，并在梦中曾得到神或格萨尔大王的旨意，在其病中或病愈后又经喇嘛念经祈祷，从而开启说唱格萨尔的智门，至此便会说唱了。这一怪异现象至今也无法解释。

## 西藏岩画

截至目前，西藏高原共发现古代岩画地点约60处，分布区域遍布整个高原，以日土岩画和加林山夏仓岩画尤为著名。这些岩画记录了高原先民生产和生活的一些场面，还有大量说不出名的动物图案以及令人费解的奇异场景，这些有待进一步研究。

## 羚羊集体产崽

每逢初春，在藏北高原就会有大量的羚羊迁徙到同一地点集体产崽以延续生命，其场面尤为壮观。因羚羊在产仔时御敌能力极差，它们集体行动可防天敌攻击。小羚羊在出生后被成年羚羊围住，既能保温还能保证安全。

## 鼠鸟同穴

在藏北高原海拔四五千米的地方，由于高原气候，导致树木已无法成活，陆地上只有草类生长，而这些地方恰恰是高原鼠兔活动频繁的区域。高原鼠兔无尾，习性似鼠，长相似兔，故得名鼠兔，属草食性鼠类。因鸟类在高海拔地区找不到树木筑巢栖身，只有靠鼠兔的洞穴来安家，这就是所说的“鼠鸟同穴”。

神秘的高原故事仍在演绎，人类仍在试图通过孜孜以求的探索和追求，来解读这些神秘。西藏仍以它固有的美丽和神秘吸引着成千上万的向往者。西藏，我们渴望走进你，去感受那份苍凉与孤美。

# 天坑的秘密

所谓“天坑”，从地质学角度讲，就是“漏斗形下陷地貌”；当然也有人说是数亿年前陨星撞击造成的。

有一个神秘莫测、堪称世界之最的特大型天坑位于重庆奉节县，又因它地处该县境内小寨村，故被人们称为小寨天坑。天坑边沿由峭壁悬崖围成，呈桃状，天坑短径 520 米，长径 622 米。坑内四面山峰向下延伸，似铜墙铁壁般合围成漏状，直达天坑底部。站在天坑边沿向下俯瞰，令人魂飞魄散；站在坑底抬头仰望，肃杀阴森，令人毛骨悚然，广阔的天空只留下一个小小的亮点。坑底露出一段长为 110 米，宽约 4 米的一条阴河从西南方流向东北方，河水墨绿，但清澈见底。

由考古学家威廉·霍德博士、地质学家威尔金斯博士、天文学家敦切利萨博士联合组成的科学考察队抵达奉节小寨天坑。他们决定在以前的基础上力争得到更新的资料和数据，并通过对天坑的成因等数据、参数进行详细分析，以期揭开其神秘的面纱。

在安装好超导远红外探测摄像器后，正在天坑底部自下向上数百米的峭壁做逐一圆周扫描时，考察队突然发现，在峭壁内大概 6 米的深处竟然隐藏着 7 只直径为 4 米的大圆球！这些大圆球呈曲线排列，奇怪的是球面上还刻着一些无法破译的文字和符号。经过“裂变径迹法”测定，这些圆球距今有 7500 万—8000 万年，其主要成分是金属钛，而包裹圆球的岩石密度达到3.2—3.4克/立方厘米，和月球表面岩石的密度近乎一样，这让大家很震惊。

不过有趣的是，在天坑的底部，威廉·霍德博士居然意外地发现了一个恐龙头骨化石。令人困惑的是，这个头骨曾被锯成了相等的两部分，然后又进行了缝合，其切割痕迹十分整齐，手术水平与我们现代医学差不多，很难让人想象这是地球原始人所为，那么，是谁对这个头骨实施了外科解剖呢？

在以后的几天里，考察队于天坑底部一侧测出有一道狭长的岩缝向北延伸而去。他们费尽九牛二虎之力劈开挡着的乱树丛小心翼翼地步入其中。黑暗中许多蝙蝠被惊起，在周围乱飞，有的索性直接扑向人们，发出吱吱的怪叫。行走了约300米，看见7只三角形箱子，和圆球一样，也呈曲线排列，箱子偶尔会熠熠发光。

当考察队员们想接近它们时，却感到四肢麻木，好像有电流穿过。于是众人不敢久留。他们分析这7只三角形箱子后认为，它们应当属通信器材之类的东西，可惜得不到实物，只拍下了箱子的图片。

当图片被送到英国天体信息研究院，鉴定报告上明确地写着：经分析，这7只箱子具有向宇宙发射信号的功能，圆球就是接收器，接收地球外发来的信号并传输给工作室……

根据这些，有人便推测天坑很可能曾是外星人的一个工作站，后来不知什么原因被废弃了。人们认为，如果小寨天坑真是陨石撞击而成，那为什么在它周边没有发现丝毫陨石足迹？更没有散落着的角砾岩块！有文章指出，小寨天坑若不是外星人所为，那么那些大圆球、三角形箱子、被切割的恐龙头骨，这些奥秘又如何解释？一些严谨的科学家目前仍然认为，小寨天坑可能是外星人的工作基地。目前所有的一切证据还不能完全说明问题，何况证据的真实性和可靠性也还需要认真研究，除非能拿出更加充分、翔实的理由和证据来。

# 地中海的古石碑阵

米诺卡岛是位于地中海西部西班牙巴利阿里群岛中的一个小岛，岛上分布着一些中间为“T”字形的石碑和周遭为石墙的石头阵。这些石碑阵因何而存在？英国剑桥大学的考古天文学家迈克尔·霍斯金认为，这些石碑阵很有可能是当地古人进行医疗活动的地理标志。

米诺卡岛上的石碑阵与世界其他地方发现的史前石头阵类似：位于中间呈直立“T”字形的石碑由两块厚重且巨大（有的约两三人高）的石块搭建而成：一块直立，一块平放在其上；石碑周围是圆形或长方形的相对较矮石墙。石墙有一个豁口，中间的石碑正对着这个豁口，因此每个石碑阵都呈现出一定的方向性。岛上30个这样的石碑阵，其中29个都大致面朝南方。

经检测，构成石碑阵的石块的地质成分大都是石灰石。各个石碑阵彼此距离2—5米。由于人们在石碑阵周围发现了大量被胡乱丢弃的、可能是牺牲品的动物残骸。所以有人认为：长久以来，学术界多数认为这些石碑阵是作为圣坛而存在的。但这个观点并不令人折服。因为石碑阵附近还有散落着一些耐人寻味的青铜雕像残片，包括一个马蹄雕像以及一个埃及式公牛雕像。在埃及式公牛雕像上还附有一段象形文字的碑铭，内容是：“我是艾姆霍特普，我乃是医药之神。”马蹄雕像的存在更是让人感到困惑，因为在古代西地中海的系列文明中，从未出现过“马神”

神话。

霍斯金的研究目的就是想弄清这些石碑阵的方位特性，以及那些青铜雕像到底有什么意义。为什么米诺卡岛周围其他岛屿上没有类似的石碑阵呢？霍斯金把研究的重点放在石碑阵的方位上，“石碑阵面朝南，南方地平线上有什么东西会令古人如此感兴趣？”霍斯金对此感到非常的疑惑。

在古希腊神话传说中，一个半人半马（人头马身）的怪物把医药知识传授给阿波罗的儿子阿斯克勒庇俄斯，后者因此而成为了医药之神。霍斯金认为，在这些石碑阵被建造之前，在地中海和中东欧地区就有这样的神话在流传，并且随着海上贸易的繁荣发展，各文明间的融汇互通也顺理成章。我们知道，伴随着时光的流逝，来自太阳、月亮以及其他众多行星的万有引力，使地球以地轴为中心不停摇晃，就像一个陀螺被抽动。正是由于这个原因，公元前1000年，在那些石碑阵被建造的年代，夜空看上去和今天的夜空有些区别：人马座（古希腊人命名了这个星座）在那时是周期性地出现在石碑阵正南入口处方向的夜空；而今天我们站在同一个地点，看到这个方向的夜空中出现的却是南十字座，另外还有属于人马座的两颗明星。

如此看来，那些马蹄雕像可能就是半人马雕像的残留物；埃及人的医药神雕像很有可能是某个埃及水手的作品。至于为什么附近其他岛屿上没有类似的石碑阵，霍斯金认为：米诺卡岛地形相对平坦，在岛上几乎任何一个位置都能看到南十字座等星座。然而在巴利阿里群岛中最大的岛——马略卡岛上却山脉起伏，由于视线被山丘遮挡，人们看不到南十字座等星座。这是对米诺卡现象相对令人信服的解释。

# 四大自然奇观

古代人们的美好愿望就是祈求子孙繁衍，部落人丁兴旺。在自然界中许多奇观的背后，也许有一个美丽的故事，或寄予着人们对未来美好生活的向往与追求，或表达着人们对自然的崇拜与敬畏，或蕴涵着某种神秘难解的自然奥秘……下面的世界几大自然奇观，为我们展现出一个异彩缤纷的世界。

## 九天奇洞

位于湖南省武陵源风景区的九天洞，在世界上享誉盛名，被誉为世界奇洞之冠。洞穴总面积达200多万平方米，分为上、中、下3个主体层次和5层高度不同的螺旋观景楼台。其最下层低于地面400多米。洞内还分布有36个大厅、3段落差不同的阴河、12条瀑布、5座自生桥、6块千丘田、3个天然湖、10余座洞中山。洞中有红、黑、灰、白、黄、绿等五颜六色的石柱、石笋、石人、石花、石兽等，千姿百态，不可名状。洞口的迎宾厅更可容纳2万余人，更奇怪的是舞厅的音乐柱可敲击出典雅的探戈舞曲，游客更可在舞曲中翩翩起舞。龙宫、玉屏宫，更是气势磅礴。天柱湖宽而深，游客乘船沿洞壁可欣赏翠绿色的毛吸水球、无眼蟋蟀和长60厘米的白毛巨鼠等奇异景致，令人目不暇接。

## 五日并出

据相关史料记载，20 世纪 30 年代，我国西安上空曾出现过 3 个太阳并出的奇异天象。12 世纪时期的俄国，当俄罗斯民族与波洛维民族正在激战时，突然在薄云遮盖的天空中出现了 34 个太阳。正在激战的士兵们看到这一奇异现象，都以为会大祸临头，便纷纷丢弃武器四散而逃。

在 20 世纪 80 年代初，我国海南省东方县板桥的居民，突然看到天空中同时出现了 5 个火红的太阳，其中 3 个在东，2 个在西，站在地面上望去，它们之间相隔百米，中间有一条绚丽多彩的光圈相连接。这五个太阳中，以东西居中的那个最为明亮，其余的均相对比较暗淡。这一奇景一直持续到当日 10 时左右才逐渐消失。

天空中为什么会出现这么多的太阳呢？科学家们解释是：这是天空中大气玩弄的鬼把戏，在众多的太阳中其实只有一个真太阳，其他的则是真太阳在空中的相关影像，称为假日。假日和那些伴随它出现的光晕是一样的，都是大气中存在的水、冰折射、反射导致的现象。

## 太行山冰冰背奇观

冰冰背在太行山上，有南冰窟群和北冰窟群之分，总面积 1 平方公里。炎炎夏季，一走进这一区域，顿感洞穴有风，且寒气逼人，石窟内到处是冰凌和霜刺。可是每到冬季，数九寒天，这里却热气腾腾。

相传山肚里是北魏时期宰相高欢给娘娘专门开辟的避暑御寒宫，天长日久，山体坍塌，找不到宫门而无法进入，所以成了一大迷宫。由于大小石窟相连成片，且又在山的阴坡上，林州人一般都把山阴叫做背，所以就叫做冰冰背。

## 天山岩雕

呼图壁县位于新疆天山北麓，在那里发现了一处距今已有3000多年历史而鲜为人知的悬岩雕刻古迹。呼图壁县相距乌鲁木齐市近100公里，这里人迹罕至。当时是一位编修县区志的同志在一位哈萨克牧民的带领下来这里调查，才发现了这些神秘的岩画。虽然岩刻已成为世界性的文化现象，但如此壮观奇特的岩刻，迄今却只发现于天山。

在平整的石壁上，刻有许多大大小小、奇形怪状的人像，这些人物，有的穿衣有的赤裸，或猴面，或双头，或男或女，大的比真人还高，小的不满尺余。最上部是一排形体秀美、近两米高的裸体女人和一个通体涂红的裸体男人。其余的画面主体多为男性，而且都着意表现出他们的健壮。在男女画像下，还刻着数十列手舞足蹈的小人。在人群中，还有一些老虎等野兽。

考古和人类学家普遍认为，这片古代岩刻显示了一种祈求子孙繁衍、部落人丁兴旺的崇拜思想，反映了古代游牧民族的历史文化。就当下来说，如此规模宏大的摩崖石刻群像，在世界上比较罕见。

# 阿兹特克的太阳历石

阿兹特克人的太阳历石，可以说是墨西哥人独特的创造，它被雕刻在一座巨大的石头上，很像一个大圆盘，重24吨，直径3.6米。它可以说是墨西哥人奉献给太阳神的一块纪念碑，它原本装饰在诺提特兰神殿的墙上，后来西班牙人破坏了神殿，而太阳历石却奇迹般地留存下来。曾经一段时期，他被埋藏在墨西哥市的大广场地下，1790年才被发现，而后被收藏于博物馆。西班牙殖民地时期，印第安人依旧信拜这块石盘。

阿兹特克人始终相信，自上帝创世以来，墨西哥人历经4个太阳，但这4个太阳却相继被风、虎、水、火毁灭，最后，只有第五个太阳，也就是托纳提乌成为了最终的胜利者，并且是一直运行着的，石盘中央的太阳，就是这第五个太阳。在它的上、下、左、右分别刻着前述的4个太阳的20天图像。第五个太阳的周围所刻着的是太阳的耀眼光芒以及宝石和鲜花等，是对新太阳的光辉礼赞。

这块太阳历石又被称作阿的历法，因为中央的托纳提乌也就是太阳神的周围，配置有阿兹特克的历法以及与宇宙论相关的一些图像文字和符号。

## 棺材和无人船千里返故乡

人们常说：“故土难离”、“落叶归根”，这是中国人的一种根深蒂固的乡土情结。可是，被洪水冲走的棺材与一艘无人船竟向我们演绎了一个类似的传奇。

在19世纪中叶，米涅鲁巴号帆船在大西洋百慕大群岛埃利斯港建造，它的首航是非洲和远东，但一去不返。人们寻找了两年，仍然没有消息，都认为它一定遇到风暴葬身大海了。

谁知，就在三年后的一天早晨，这艘被人们遗忘的米涅鲁巴号帆船竟然神奇地出现在埃利斯港！船上却空无一人，船体也伤痕累累。这艘无人船经过两年多的漂流又是如何重返故乡的呢？

19世纪末，美国的一个著名演员，查尔斯·阔夫兰逝世了，他被安葬在得克萨斯州的加尔维斯顿。就在第二年，一场罕见的风暴席卷了整个加尔维斯顿。风暴掀起的滔滔巨浪把阔夫兰的棺材从海滨墓场的墓穴中冲了出来，并被卷入了大海。

风暴过后，阔夫兰的女儿凯尔德尔德看到被风暴破坏的墓穴，又联想到父亲的尸骨不知道将漂到何处，顿时痛哭起来："父亲虽然去世，我还是要守在他老人家的身边。无论如何我也要找到父亲的棺材。"于是，她每天不停地四处找寻，并在报纸上刊登广告："若有人发现来路不明的棺材，务请通知，定当酬谢。"

年复一年，日复一日。凯尔德尔德自始至终没有放弃寻找父亲棺材的念头。转眼间20多年过去了，依然没有任何线索，凯尔德尔德却为此已经花费了几百万美元。就在阔夫兰逝世28年后的一天早上，当凯尔德尔德翻阅报纸时，突然，一条新闻跳入眼帘：

"著名演员查尔斯·阔夫兰于1899年去世，并葬于加尔维斯顿。翌年，该地遭到特大风暴袭击，加尔维斯顿的墓穴被海水冲开，棺材也随之被卷入大海。死者家族长期以来四处找寻，一直未果。可是，令人惊讶的是，现已查明，这口棺材随着墨西哥湾的海流，已经绕过佛罗里达海岸，并抵达阔夫兰诞生的故乡爱德华王子岛。棺材竟安然无恙地在大海上漂流了3千公里！"

"天哪，真有这样的事！"凯尔德尔德将信将疑地给报社打了电话，在得到了确定的答复后，凯尔德尔德欣喜若狂，急忙奔赴爱德华王子岛，果然见到了阔别近30年的父亲的棺材，于是，她重新为父亲举行了隆重而热烈的葬礼。

# 神秘的海底铁塔

美国“爱尔塔宁”号海洋考察船上的研究人员在深海考察时，无意之中发现了一座奇怪的海底“铁塔”。

在20世纪60年代，“爱尔塔宁”号海洋考察船航行至智利的合恩角以西约7400多千米处抛锚停泊，开始按照南极考察计划进行考察作业。考察人员把一台特制的水下摄像机安装在一个圆柱形钢制保护壳当中，并用电缆线将其绑在考察船上。然后将深水摄像机下潜到了4500米深处，对这里的海底状况开始进行水下拍摄。

当一天的考察结束后，在暗室中摄像技术员对当天拍摄的胶片进行显影处理时，在一张胶片上他意外发现了一个奇特而古怪的东西，把该胶片洗成照片后，清晰地显示出一个顶端呈针状的水下“铁塔”，从“铁塔”的中部还有4排芯棒延伸出来，芯棒与垂直的“铁塔”成精确的90°角，每个芯棒的末端都带有一个白色小球——这些症状似乎使这个神秘的水下“铁塔”显得更像是一部塔式电视发射天线。

研究人员通过电脑对这张水下神秘“铁塔”照片进行分析和研究后得出，这座水下“铁塔”应当是一种智能生物建造的。其实，它看上去，并不是固定在海底周围环境的背景中。

“爱尔塔宁”号最终完成了考察使命，在驶入新西兰的奥克兰港后，将这张海底神秘“铁塔”照片拿出来看。随船的海洋生物学家托马斯·霍普金斯在看过照片后说道："它绝对不是海洋植物喽！因为在 3500 米深的海底根本见不到阳光，这意味着那里不可能有光合作用，就更不可能有植物存活，它也许是一种奇特的珊瑚类生物。但是，以往我们无论是谁，都从来没有听说过这种生物。我不想说这座神秘的海底'铁塔'是人建造的，如果这样，会产生一个令人无法解释的问题：那就是人是以何种方式到达如此深的海底？通过照片可以看出，这一海底铁塔无论怎样都不像是一种自然形成的东西。"

后来，新西兰 UFO 研究者们复制了这张照片，并寄给了从事月球遥控探测器指令研究的美国著名航天工程师霍尼，希望他能对此作出解释。霍尼工程师凭借他多年的研究经验分析后认为，这个神秘的水下"铁塔"应当是测量地球地震活动的一个传感器。

其实，水下摄像机能够在如此深的海底拍到这一神奇的东西可以说是天大的幸运，因为海底如此浩渺无垠，更何况水下摄像机已输入电脑程序，它只有间隔一定的时间后才会开机拍摄。不过，这种幸运随之而来带给我们的是更多、更深刻的无尽思考。

## 水底发现炉灶

地下河里难道会有人居住？为什么地下河里会有炉灶出现？

不列颠·哥伦比亚潜水小组是世界最有名的国际潜水科考小组之一，这个小组在墨西哥东南的尤卡旦半岛——传说中玛雅古国的所在地考察时，发现一条结构极其复杂、洞穴紧密相连的地下河流。该地下河流在玛雅人的传说中已经有记载，古玛雅人称为“欧西贝哈”，意思就是“万水之源”。

据初步统计，这条河流约有200多英里长，很可能是世界上最长的地下河流。而更让他们感到意外的是，在这条地下河的最深处，潜水员们竟然发现了古代玛雅人砌成的炉灶、石桌以及陶器等物品，莫非古代玛雅人曾经在水底生活过？

为了进一步了解这些位于丛林中的深井常年不干且水质清纯的秘密，该科考小组的成员从当地一个几英尺宽的井口潜入水下去，没想到下井后才发现，这口井竟然没有尽头，潜水员潜了至少半英里长，惊讶地发现井里面竟是一个无比宽广的“水底世界”——一条条纵横交错的地下通道，不知通往何方，一些形状稀奇古怪、不知姓名的水生物以及小鱼、小虾等，同样好奇地围在他这个陌生的访问者身边游来游去。潜水员慢慢潜回井口，报告了他的发现。

科考小组闻听报告后当即决定，从欧洲运来最先进的设备对这条神秘的地下河进行考察。几个月后，重达几千磅的最新测量设备以及水下灯、高级潜水服、瓦斯车等器材，通过马背陆续运到了位于丛林深处的现场。潜水员们全副武装立即开始了考察，经过考察确定，地下河的总流向是个大三角形。

为了不迷路，潜水员们将一个线轴随身带着，线轴的一端系在入口处，另一端拿在手上，每前进10英尺，就将线上打一个结。这样做既可以到时循线返回，还可以测量出前进了多少米。随着探测的进一步深入，潜水员惭走渐远，在快到地下河约一半深处时，潜水员中有人意外地发现了一些早期人类生活过的痕迹！潜水员逐渐发现了一些保存完好的砌在石壁边上的炉灶、石器时代的石桌以及其他一些古人类的遗迹。

根据发现的遗物，科考小组的科学家们分析认为，大约在9000至1万多年前，这些古代人曾经生活在这里！另外，科考小组还发现了另外一些玛雅时期的东西，诸如破碎的陶器、玛雅人的遗骸等。

莫非古代玛雅人能够在水底下生活？面对疑问，美国佛州某大学一考古学教授认为：在1万多年前，墨西哥尤卡旦半岛要比现在的海平面高出很多，大气中的二氧化物和雨水混合形成了富含碳酸的地下河水，日积月累的腐蚀便“雕琢”出了这些洞穴。随着海平面继续降低，这些洞穴慢慢干燥起来，变得可以住人。随着冰河时代的终结，海平面又开始升高，这些干燥的洞穴又逐渐被海水注满，古代人又不得不离开洞穴到陆地上生活，但他们居住时留下的遗迹却保留在那儿。

据这位教授称，洞穴和深井在玛雅人的宗教活动中占有极其重要的地位，他们将洞穴称为“西诺蒂”，也就是“神的井”，他们把它当作到达阴间的“地狱走廊”，而不是人类居住的地方。

## 晴空坠冰

当你在街上行走时，突然从天空坠下一块硕大无比的冰，就砸在你的身旁，这时你作何感想？不要以为这是什么天方夜谭，这种事情在我国的很多地方都发生过。

我国无锡地区曾广受“空中坠冰”的青睐，在1982—1993年这短短的11年间，连续发生了5次坠冰事件。在浙江余杭也有一块较大的浮冰碎成3块落在东塘镇的水田里，初步估计原重约900克。由于它当时得到了相对比较妥善的保护，况且又及时地送到了紫金山天文台，所以它对揭开晴天坠冰这一千古之谜起到了巨大的作用。

而这一“空中坠冰’现象在国外也是屡见不鲜，事实上，经过多年的研究，现在人们已经确定，众多的晴空坠冰事件，至少有相当一部分是真正的“天外来客”——“陨冰”。陨冰与陨石一样，原本都是在太空游荡、绕太阳转动的，只是有时它们一不留神，便闯进了地球引力的“陷阱”，才被迫改变轨道从而落向地面。由于地球周围有一层稠密的大气层，所以绝大多数的陨落物都在大气层中就被“毁尸灭迹”，在高达几千度的温度的焚烧下，只有少数原本特别巨大的母体，才会有残骸降落人间，成为陨星（包括陨石陨铁）。那些铁块、石头也只是剩下极少部分，可想而知，陨冰最早的母体一定是太空中硕大无比的巨大冰山。

最早被确认的陨冰是1955年坠落于美国的“卡什顿陨冰”；第二块陨冰于1963年坠落于莫斯科地区某集体农庄，重达5千克。实际上，陨冰比陨石更为少见，因为陨冰在坠落后，如不及时发现，妥善保存，会很快化作一摊污水而无从辨识，因而现已正式确凿证明的陨冰，到20世纪止，连两位数都不到。

因为陨冰极有可能是来自彗星的彗核，包含有彗星以及太阳系形成之前的相关信息，是不可怠慢的贵客。所以，我们一定要慎重地对待每一起晴空坠冰事件。

## 为什么会出现哈雷彗星蛋

我们都知道彗星，但是，并不是所有人都知道“彗星蛋”。其实，彗星蛋是一种很奇怪的现象。

每次当彗星访问地球的时候，总会有母鸡生下刻有彗星花纹的蛋。根据史料记载：1682 年，哈雷彗星对地球进行周期性的“造访”时，在德国的马尔堡，母鸡生下一个不同寻常的蛋，这个蛋的蛋壳上布满星辰花纹。1758 年，英国霍伊克附近乡村的一只母鸡生下一个蛋，这个蛋的蛋壳上清晰地描绘有彗星图案。1834 年，哈雷彗星再次出现在苍穹时，希腊科扎尼一个名叫齐西斯·卡拉齐斯的人家里，有只母鸡生下一个蛋，壳上又绘有彗星图案。他把这只蛋献给了国家。

1910 年 5 月，当哈雷彗星再次装饰天空时，法国人惊诧地获悉，一位名叫阿伊德·布莉亚尔的妇女养的母鸡也生下一个蛋，这个蛋的蛋壳上也绘有彗星图案，图案犹如雕刻，不论怎样都擦拭不掉。

为了得到 1986 年的那枚彗星蛋，苏联科学家早在 1950 年，便在国内联系了数以万计的农户；法国、瑞典、美国、匈牙利、意大利、波兰、西班牙等 20 多个国家也建立了与之有关的调查网络。结果在 1986 年，意大利博尔戈的一户居民家里的母鸡也生下一个彗星蛋。

为何每当天空出现哈雷彗星时，地球上便会出现蛋壳上绘有哈雷彗星的鸡蛋呢？这个问题科学家也感到头疼。

## 奇怪的外族人像古艺术品

在蒂瓦纳科著名的太阳门旁边，48 个巨石人像伫立在那里。人们始终认为它们是祭神的仪仗队或侍卫，如同平时的神庙前的石像一样。然而与众不同的是，这48个石像容貌各有不同，有的嘴唇厚，有的耳朵大，有的鼻梁高。这些不同引起了考古学家和人类学家的注意。

经过仔细考察后他们发现，这些石像实际上表现了地球上人类各个种族和主要民族的外在形象，也就是说，这些石像是有人在掌握了人类各个人种和民族的基础上才制作出来的。有的考古学家认为，如果从陈列或展览的角度去理解，或许可以想象制作者们的真正意图。

但是，这些石像的制作者们又是如何知道人类各个人种和民族的情况的呢？

例如，在哥伦布到达美洲之前，美洲一直是印第安人的居住家园。但让人无法理解的是，在墨西哥和南美等地方发现的一些古代艺术品中，竟然出现了陶制或石制的其他种族人物的头像。在墨西哥的特南哥地区，也曾发现过一个奥尔梅克文化时代雕刻的翡翠人头像。

虽然该头像的鼻部已经损毁，但人们从其扁平的脸形以及并不凹陷的眼窝、眉毛前额和颧骨等主要特征，仍然可以一眼就能看出，这是个中国人的头像。在危地马拉发现的另一个石雕人像，也明显地具有中国人的面貌特征。而在墨西哥的委拉卢克斯发现的石雕人头像，一看就是个非洲黑人。那厚厚的嘴唇、圆圆的前额，是尼格罗人种特征的明显表现，而与美洲印第安人的相貌却大不相同。在危地马拉还发现过一个石雕人头像，鼻梁又直又高，下巴上蓄着很长的胡子，看上去更像个闪族人，所以有人认为这是古代腓尼基人的雕像。

人们常说，艺术是生活的真实反映，古代美洲的印第安人很难雕出自己完全不熟悉的种族的人像，那么这些没在美洲生活过的人的雕像是怎么来的呢？有关古代中国人曾到过美洲的说法由来已久，也有不少史前腓尼基人曾到过美洲的传闻。但是，这一切还都是尚未证实的假设。最不可思议的是那个非洲黑人的头像，最可能的解释也许是黑人可能作为古代腓尼基人船队中的划桨奴隶来到南美的。不过就算这是真的，又有什么人会专为一个划桨奴隶雕塑头像呢？看来，古人给我们留下的谜团太多了。

## 消失的玛雅文明

因何玛雅文明在鼎盛时突然消亡，是人类的残杀，抑或自然的灾难，还是其他神秘的力量？接下来，我们就来探讨一下玛雅文明消失的原因。

中美洲的心脏地带位于玛雅人居住的领域之中，其横跨危地马拉、贝利斯、墨西哥、洪都拉斯和萨尔瓦多部分地区，以三个相互隔离的区域为中心，分别是齐阿巴斯和危地马拉高原的南部高地、太平洋潮湿的沿海平原与萨尔瓦多西部、墨西哥湾延展到贝利斯一带及洪都拉斯的热带森林区，主要人口则集中在现在危地马拉的佩登省和北犹加敦矮丛密布的低洼地区。

19 世纪 20 年代，英国人开始着手研究玛雅文化，并得出推论说，玛雅文明是由《旧约·圣经》中的“失落的十部族”的后裔所创立建造的。危地马拉和巴里约是玛雅文明的发展中心，几乎波及整个中美洲，危地马拉南部平原的贝登是最繁华的地方。这一文明于公元七八世纪时繁荣到了鼎盛，但却仅仅隔了一个世纪，顷刻之间，神殿被放弃，许多巨型建筑没人保护，纷纷沦为残垣断壁的废墟，各地的祭祀中心也完全停止了所有的活动。

迪卡鲁是玛雅中最古老的都市，它面积为 16 平方公里，这里有许多宫殿、神殿与僧院等石造建筑群。在迪卡鲁遗迹中所挖出的时间石碑上，清晰地刻有最古老的日期292年和最新的日期879年。由此可知，这期间的600年应是迪卡鲁文明的最繁荣时期。

当玛雅文明发展到鼎盛期时，玛雅区的艺术已经发展出统一的格式来。这时的人口增长也很快，神殿和宫殿等大型建筑也如雨后春笋般遍地而起。在提卡尔出土的神殿基坛，大多数的下方都是墓室，因此学者们认为神殿基坛是为纪念死者而建造的。死者很有可能是皇族或贵族，因为平民没有权力，也没有能力为自己建造如此宏伟的墓室。

在提卡尔遗址，考古学家们发现了许多坟墓，这些坟墓覆盖于岩石及崩坏的拱形屋顶之下，但却并没有发现任何修复的迹象。附近神殿和宫殿的壁画也受到严重的损毁，石雕人像的脸部相当一部分被削掉，石碑也被当作其他建筑的建材。这些现象都证实了有外族入侵，玛雅人甚至来不及抵抗便溃退了。在犹加敦半岛，玛雅人在西班牙人入侵之前，就因为流行病与内乱而衰亡了，有关9世纪时灭亡的丛林玛雅文明，至今都毫无线索可查。

有一派学者分析认为是因为城内粮食供应不足，建于丛林中的玛雅帝国在发觉此地无以维生后，便作出了一次种族大迁徙的决定，然后来到齐乾伊莎定居，又绵延两个世纪后才灭亡。也有学者认为，玛雅帝国外部受到了游牧民族的袭击，而其内部则又发生内乱，整个帝国在遭受如此巨变后，溃退逃散，然而为何胜败两方都走得无影无踪？没有人知道合理的答案。

# 海洋形成之谜

在人类的记忆当中，海洋似乎是亘古以来就存在的，而有关海洋的形成，很多人的看法却并不一样。

相当一部分人认为，大约在50亿—55亿年前，气态物质和云状宇宙微粒聚集在一起，最初的地球就这样形成了。原始的地球，是没有生命的世界。

在地球形成后的最初几亿年时间里，由于地壳较薄，加上小天体不断轰击地球表面，地幔里的熔融岩浆很容易向上涌并喷出，因此，那时的地球到处是火海一片。随同岩浆喷出的还有大量的二氧化碳、水蒸气，这些气体慢慢上升到空中并将地球整个笼罩起来。

水蒸气形成云层，然后产生降雨。经过相当长时间的降雨，在原始地壳低洼处，不断积水，这便形成了最原始的海洋。

原始的海洋海水并不是很多，可能只有今天海水量的1/10。另外，原始海洋的海水只是稍微带有咸味，慢慢的盐分才逐渐增多。随着水量和盐分的逐渐增加，以及地质历史的沧桑巨变，原始的海洋才慢慢变成现在的海洋。

也有人提出了其他看法。科学家在分析从卫星获得的高清晰度的照片时，发现了一些过去从来没有见到过的黑斑，抑或叫做“洞穴”。

因此，有科学家认为，是冰彗星造成这些“洞穴”的。而且经过初步判断，冰彗星的直径多在20千米左右。大量的冰彗星进入地球大气层，经过数亿年，甚至更长的时间，地球表面于是得到非常多的水，所以就形成今天的海洋。但是，这种理论也有不足之处，就是缺乏海洋在地球上形成发育的机理过程，并且有关这方面的证据也还不够具体和充分。

## 地球内部的世外桃源

你相信地球内部也存在一个神奇的世界吗？如果地球内部真的有世外桃源的话，那么，当地球气候发生骤变抑或发生其他地表灾难时，我们人类从地表转入地下可能比移居外星球更具实际意义。

美国加利福尼亚卡斯特山脉中有一个叫布朗的采矿者，他发现一处类似于巨人住的人工地道。洞穴中有用巨大铜锁锁住的很大的房舍，墙壁间有黄金铸成的盾和一些从未见过的物品，墙壁上还刻画着一些奇怪的图案和文字。第二次世界大战期间，美国陆军士兵希伯与战友失散，被遗留于森林之中，有一天他无意中发现一处被巨石遮挡住的洞口。希伯冒险闯入了洞内，发现里面竟然被人工光源照得亮如白昼，俨然是一个庞大的地下城市。正当希伯看得入迷的时候，突然被抓住了，在被关了四年后，他寻机拼命逃出。据他讲述，这个地下王国通向地面的隧道有七条，秘密出入口分别开在世界其他一些地方。

在一个夏夜，贵州省安顺县龙宫附近一座山半腰的洞内，一束强光射出，呈桶形的光柱，直径足有4米，在扫过500米田野后，径直射向对面的山坡上，照得四周村庄和田野通亮，时间持续达数分钟之久。据当地县志史料记载，清顺治年间亦曾发生过类似奇景。然而当地人非常熟悉那个山洞，洞内什么也没有，可是强光源又从何而来呢？

美国TG石油公司勘探队在土耳其西方大洞穴270米的地下，发现地底有深邃的岩盘隧道，洞高约4—5米，洞壁和洞顶光滑明亮，很明显是人工磨成。洞内遍布蛛网似的横洞，俨然一个令人扑朔迷离的大迷宫。

如果这个地下王国真的存在，那么，这个地下王国的居民在地下长居，也许已演化成嗜热的硅生命体，可能已经不再适应地面的生活。但是可以肯定的是，如果地下王国真的存在，那么他们必定拥有着高于地表人的科学技术。

如果真的存在着一个地下王国，那么地球内部确是空的这一理论将可能得到证明。因为，不少地球物理专家始终认为，地球的现有重量是六兆吨的百万倍，如果地球内部不是空的话，它的重量应该并不止于此。

## 神奇的无底洞

每当看到《西游记》中的无底洞，也许你可能会问，地球上到底有没有无底洞呢？实际上，地球上真的有这么一个“无底洞”，它的神秘之处至今仍没有人能解释清楚。

这个无底洞位于希腊亚各斯古城的海滨。它濒临大海，每当涨潮的时候，汹涌的海水就会形成一股特别湍急的急流，排山倒海般“哗哗哗”地朝着洞里边灌去。

据人们推测，每天流进这个无底洞的海水至少有 3 万多吨。可令人奇怪的是，这么多的海水“哗哗哗”地往洞里边流，却始终没有把它灌满。因此，人们曾经怀疑，这个无底洞会不会是和石灰岩地区的漏斗、竖井、落水洞等地形类似。如果真是那样的地形的话，无论有多少水都不可能把它灌满。因为，这类地形会在其他地方有一个出口，那些水会顺着出口流出去。但是，希腊亚各斯古城海滨的这个无底洞，人们苦苦寻找了无数地方，做了多种多样的努力，却一直没有找到它的出口。

美国地理学会还派出了一个考察队，来到希腊亚各斯古城的海滨，他们也想揭开这个无底洞的秘密。

考察队员们先把一种经久不变的深颜色的染料放入海水中，然后看着这种染料随着海水一块儿涌进无底洞里边去。然后，考察队员们赶快分头去观察附近海面和岛上的各条河流、湖泊，看看是否有被这种染料染出颜色的海水。但是，考察队员们察看了全部的地方，却都没有发现哪里的海水是被染料染了颜色的。

莫非说是海水的量太大，把这种深颜色的海水稀释得太淡了，让人们根本看不出来吗？考察队员们没有想出其他更好的办法，所以只好回去了。过了几年以后，他们又研制出来一种浅玫瑰色的塑料粒子。这种塑料粒子比海水密度小，要稍微轻一些，能够漂浮在水面上而不沉底，当然也不会被海水溶解。

这一天，这个考察队又来到希腊亚各斯古城海滨的这个无底洞。这次他们把 130 千克的塑料粒子都倒进了海水里。没多久，这些塑料粒子就顺着海水流进了无底洞。考察队员们看着眼前的一切心想：“现在，哪怕只要有一粒塑料粒子在别的地方冒出来，我们就能找到‘无底洞’的出口了，这个‘无底洞’的秘密就可以彻底揭开了。”

不幸的是，考察队员们发动了无数的人，在各地水域里整整寻找了不下 1 年的时间，结果连一颗塑料粒子也没有找到。那么，如此多的海水流进无底洞，可最后究竟是流到什么地方去了呢？这个无底洞到底有没有洞口呢？洞口的位置究竟在什么地方呢？直到现在，也没有人能找到答案。

## 不可思议的“神秘地带”

美国加州有一个地方名叫“神秘地带”，那里有好些现象，都是科学家们无法解释的。

从旧金山市驱车沿公路南下大概两小时，就可抵达一个名叫“圣塔柯斯”的小镇。该“神秘地带”就位于这个小镇的郊外，开车大约五分钟，外地游客只要在进口处的空地停好车，快步通过栅门，然后再向前走几步，眼前的景象就会使所有游客惊愕起来。

这里的地面上铺着两块长约50厘米、宽约20厘米的石板，两块石板之间相隔40厘米左右。如果两个人各自选择一块石板相对而立的话，然后再分别跨步向前进，交换所站石板后，怪异的现象就发生了，旁边的人看过去，发现平时个子矮的反而变成了高个子了。而且，他们的距离只有区区的40厘米，只是由于位置的变化，竟然使人体的身高产生如此的“变化”。开始，人们怀疑石板下面高低不平，为此，人们还专门使用水平仪来测量，结果证明两块石板都处在同一水平平面上。

从可以任意改变人体高度的神秘石板到中心地段，是一条坡度相当大的通道，也许正是因为重力异常的这种关系，周围的树木要么向同一边倾斜，要么呈螺旋形往上生长。正当他们沿着这条通道往上走时，人的整个躯体便倾倒，斜度差不多与通道的斜坡平行。奇怪的是，这却丝毫没有影响到人们前行的稳健步伐。

通过斜坡，慢慢接近中心地点了。跨入简陋的小屋天井去，天井里已经挤满了人，而且全部身子都是向右倾斜，这些人只不过是较早到达的游客，因为受到一种强大引力影响，一个个身体都不由自主地向同一方向倾斜。这是一种无法言喻的情景，许多人倾斜身体一边走一边笑，还边跳边叫，但却并不感到有半点儿吃力。

进入小屋后，还没等腰背完全挺直，就会有一股不知来自哪里的无形力量，把你朝另一个方向使劲拉，以致你不由自主地往前倾斜以达到平衡，就像田径运动员在到达终点之前向前冲刺那般。

小木屋的另一侧有一条向外伸出来的木板。不管你从哪个角度去看，这条木板都明显地呈现出倾斜状态。但把高尔夫球放在木板上面时，球儿竟没有向下斜的一方滚落，而是反过来向上滚到木板的顶端。有人用手来推动高尔夫球，球儿也只是开始向下滚动几圈，然后又自动滚到木板的顶端去了。球儿脱离木板后，也并没有垂直下落，而是斜斜地坠落。

当你跨进木屋的内室，仿佛感到好像有一股看不见、摸不到，但又强大无比的力量在牵引着身体，似乎要将自己推向同一个方向，如果不使劲地去抓住墙上的扶手的话，就会被吸引到重力的中心点去了。即便是抓紧扶手，也只能是坚持短短的十来分钟，然后就会感到头晕目眩。

在小木屋里，还可以看到科学完全无法解释的另一种奇妙现象。在天花板的横梁上悬挂着一条铁链，在铁链的下端绑着一个直径25厘米、厚度约五六厘米的圆形盘状物体，看上去十分沉重。可是只要你在一个特定方向用力推它，它竟然比想象的要轻得多，只要用手指轻轻地一点，它就能往前晃动，如果你在相反的方向去推动它，就要用双手的所有力量才能让他动起来。刚开始，推动它时是比较规矩地左右摆动的，但也就在维持了大约五六秒钟之后，它却突然改变了运动的方向，开始向右呈圆圈式的转动。不仅仅是如此，大概在六七秒钟后，其圆圈运动方向又会再做改变，会变成前后摇摆。在五六秒钟后，前后摆动又变成向左画圆圈转动。同样，五六秒钟后它的运动方向又恢复了左右摇摆状。如此周而复始，甚至经久不衰。

# 太阳系也发疯

按照一般看法，宇宙当然是遵守规则的典范。但来自洛杉矶加利福尼亚大学的吉尔、费伦茨·瓦拉迪及布鲁斯·朗内加却认为，太阳系最近一次“发疯”的时间应该是在6500万年前。吉尔说：“我们认为，这或许与恐龙的灭绝有一定的关系。”

吉尔所说的这种行星发疯的现象通常被称作“混沌”，也就是指没有任何规律可循的无常运动。不太严谨地说，混沌系统对初始条件特别敏感，吉尔等人所做的模拟显示，较早的一次行星混沌现象大概出现在2.5亿年前。根据他们的研究分析，太阳系在数亿年中悄悄地在发展变化，当然它偶尔也会做出疯狂的举动。过去发生的情况也可能在未来还会发生。他们的模拟试验同时表明，未来一定还会发生混沌现象，而且预期发生的时间会在公元3000万年左右。

在太阳系中，木星和土星是最重要的混沌驱动者，这是因为它们在行星当中是质量最大的。所以，吉尔和同事们在研究行星的混沌运动时就把侧重点放在这两颗行星上。其实，木一土系并不是开始就是混沌系统。不过，它们会滑向混沌的边缘。或许就是太阳光和从太阳吹来的或由亚原子粒子组成的太阳风引发太空压力起伏，导致这个系统失去平衡，最后陷入疯狂。

在数亿年这一漫长的过程中，这两者的合力可能对土星轨道产生了明显的作用。他们认为，太阳的可变性可能让土星的“半长径”（土星围绕太阳运转的椭圆轨道周长的某种量度）偏离0.1%。

通过计算机来模拟太阳系演变图景的研究人员此前始终认为，这种影响无关紧要。他们猜测，经过漫长的岁月流逝，木一土系的影响就会相对“达到平衡”。不过，吉尔发现，随着土星半长径的相关变化，木一土系的运行方式就会随之发生变化：一会儿规则，一会儿混乱。他说：“这个系统每隔几千万年就会陷入混乱一次。”

各式各样的模拟（在这些模拟中，土星的半长径可以变化）都显示，距今约6500万年前一次天文大混沌曾突然出现。吉尔说：“这一混乱现象发生的时间与白垩纪和第三世之交达到惊人的吻合——也恰恰是在这一时期恐龙灭绝了。”

吉尔认为，就目前来看还无法判断这场混沌持续的时间。不过，研究这种混乱现象对太阳系中的其他天体（特别是小行星）的影响却是可能的。他说：“木一土系陷入混沌状态时，小行星会受到很多影响。其中最重要的影响是，小行星轨道的半长径出现突变，这最终结果是导致小行星带中的天体向外喷发。”在这些天体中，当然很可能会有一些撞入地球。

吉尔表示，这种情况在6500万年以前或许就发生过。“木一土系突然陷入混乱，产生一群轨道与地球轨道相交的小行星。其中一颗撞入位于中美洲附近的海域，而由此产生的冲击致使恐龙灭绝。”

# 揭开怪水之谜

本来清澈的水，放置时间略微长一些，或者烧开后，就会变的又黄又浑，这是江西南昌县刘家村里出现的稀罕事。人们便将这种水称为“怪水”。

刘家村是一个小村庄，离赣江不远，和别的村庄一样，刘家村村民的生活用水都是来自家里的压水井，饮水很方便，只需要倒上一瓢水在自家的压水井里，然后紧压几下，就会引出无尽的水。

不过，多年以来，刘家村的井水一直有着令人费解的奇特现象发生，这里的村民甚至把它称作怪水。据村民介绍，这些水刚压上来的时候看着特别的清亮，可是，只要这些水放得时间稍微一长，或者是在水烧开之后，它就会变得又浑又黄。

不过，这只是怪水的特殊现象之一。当把普通的茶水倒入刚刚从井里压上来的生水中时，水的颜色便会发生更加不可思议的变化，会马上变黑。

这里的村民们还说，水井的水不仅仅能够变色，而且还有很大的异味。实际上，早在 20 世纪 70 年代，怪水就已经成为村民们心中一道挥之不去的阴影。

20 世纪 60 年代，村民吴大毛早就落户在刘家村。根据他的回忆，村子是 1970 年从赣江边上搬迁过来的，在搬迁之前，刘家村的人一直都是在赣江里挑水吃的。不过村子每年都会被水淹。

后来为了村子不再被水淹，村民们就搬迁了，可村民们的生活用水却又成了一个新的问题。于是，为了解决全村人的饮水问题，人们决定挖上两口井。可没想到，最终却挖出了这种古怪的水。

那个时候，这一突如其来的怪现象让村民们都惊诧不已，为什么这清澈的井水，打上来没多久就会变得又黄又浑了呢？

先后四次挖井，但挖出的都是令人匪夷所思的怪水，这最终让村民们放弃了打井的念头。他们重新填埋了水井，再挑起扁担，继续到赣江边上去挑水，来做生活之用。这样的情况直到过了两年后才得以好转。刘家村的村民曾经尝试用沙子将怪水进行过滤，为此每家每户的压水井旁都安置一个装沙子的池子。不过令人惊奇的是，经过过滤之后，怪水居然真的不再变色了，味道也好了许多。从那时开始，村民们就开始喝起了这种经过沙子过滤后的井水。

根据调查，刘家村的村民用来取水的水井都深不到 20 米。这样的水井压出来的大多是储存于地下沙砾层的水。由于这一层地质相对比较疏松，且其又离地表较近，所以这层的地下水也很容易受到附近一些地表污染物渗透的威胁。那么，是不是村子周边某个工厂的污染物渗透到了地下呢？

据了解，南昌县作为一个农业大县，可以说没有什么工业，所以工业污染这个可能性是可以排除的。那是不是还有其他污染源存在呢？

很快，人们想到了村子不远处的赣江。刘家村距离赣江 600 米不到，当赣江涨水时，这里的水井也会自动出水。由此也可以得出结论，假如赣江受到了污染的话，那么这里的村民从井里压出来的地下水，也肯定会受到影响。莫非是这个原因导致了怪水的产生？

但是，南昌市内的居民饮用水也同样是来自于赣江，那么可以肯定地说，假如是赣江江水遭到污染的话，那么有关部门应该会马上监测到，并且肯定会第一时间采取解决措施。由此可见，由赣江污染而导致怪水的这一推测，明显也是不成立的。

另外有专家推测，怪水现象，也许是由于地下水里富含铁离子所致。

那么刘家村怪水里的铁锰究竟是怎么来的呢？

专家认为，怪水变红，是因为水里的2价铁离子被氧化了成了3价铁离子，因此它就会从水中析出来，很容易地形成了铁锈色的絮状沉淀物。

而怪水在遇到茶水后变黑是因为茶里面含有大量的鞣酸，鞣酸和水中的2价铁离子发生反应，然后会生成蓝黑色的鞣酸亚铁。可是这些水中的铁离子又是从什么地方来的呢？

刘家村位于赣江的河流下游，根据地质学的研究表明，在很多河流的下游包括湖滨地区的泥土里面，会有类似铁沙子一样的铁锰结核。在这些地区，由于它地势相对比较平缓，河塘、湖汊也较多，一般会形成含有较多有机质的淤泥土层，淤泥里还含有其他很多的有机质。在一些厌氧细菌的化学分解下，这些有机质就容易产生一种酸性环境，在这样的环境中，铁锰结核就会特别容易溶解。而这种溶解铁、锰的水，如果渗透到沙砾层的地下水中后，就会将地下水污染，最终结果就导致了刘家村的那种怪水现象。

那么这样的水到底可不可以喝呢？它到底对人体又有没有危害呢？检查人员在村里分别对未过滤的和过滤后的井水都进行了取样，希望能够对这些怪水进行一个比较系统全面的检测。

最初的几项检测都十分顺利地通过了，微生物和钙都在正常参数之内，可是当工作人员对铁、锰含量进行相关的检测时，却发生了令人震惊的现象。

在未过滤的水中，铁超标了12—42倍，过滤以后水中的铁差不多就属于正常范围了。未过滤的水中锰超标了17—52倍，可是过滤以后仍旧超标5—25倍，也许这也是过滤后的水还是有怪味的原因。那么这样的水，对人体会不会有什么危害呢？

疾控中心的相关工作人员解释说，长期饮用这种含铁、含锰过高的水，对健康自然会有一定的影响。但至于到底是一种什么样的危害，或者是这种危害会达到一个什么程度，这可能还要经过进一步的调查。

## 美国黑风暴

人类一直对自然无止境地索取，必然会招来自然对人类的报复。美国的黑风暴就是自然报复的结果之一。

在20世纪30年代的一天，一场人类历史上前所未有的黑色风暴在美国西部草原地区发生了。风暴刮了整整三天三夜，形成一个东西长2400公里、南北宽1440公里、高3400米的飞速移动的巨大黑色风暴带。风暴所过之处，水井干涸，溪水断流，田地龟裂，庄稼枯萎，牲畜渴死，无数的人流离失所。

受黑风暴的袭击，美国的农牧业生产遭到了严重的影响，使原已遭受旱灾的小麦大片枯萎而至枯死，从而引起当时美国谷物市场的波动，严重冲击了经济的发展。同时，黑色风暴一路的洗劫，肥沃的土壤表层被刮走，贫瘠的沙质土层露出，使受害之地的土壤结构发生变化，严重影响了灾区日后农业生产的发展。

美国的惨痛教训苏联没有吸取，苏联新开垦地区先后遭到黑风暴的侵袭，经营多年的农庄在几天之间全部被毁灭，颗粒无收。大自然对人类的报复是惨痛的。三年后，在这些新开垦地区风暴又一次发生了，这次风暴的影响范围更加广泛，使哈萨克新开垦地区受灾面积增加到2千万公顷。

这是大自然对人类文明的一次沉重的历史性惩罚。人类对自然界的每一次胜利，大自然都要作出相应的回馈。由于开发者对土地资源的不断开垦，以及对森林的不断砍伐，致使土壤严重风蚀，连续不断的干旱，使土地沙化现象也日益严重。在高空气流的作用下，沙土和尘粒被暴风卷起，一股股尘埃在高空腾飞，巨大的灰黑色风暴带就这样形成了。

# 智利大海啸

通常情况下，自然灾难是人类无法控制的。其中一个典型的例子就是智利大海啸。

现代板块结构学说的观点认为，智利作为太平洋板块与南美洲板块互相碰撞的俯冲地带，处在环太平洋火山活动带上。与众不同的地质结构，造成了它位于特别不稳定的地表之上，在这里，历来火山不断喷发，地震接连不断，海啸也频频发生。

有人说，智利是上帝创造世界后的剩下的“最后一块泥巴”。可能正是这个缘故，这里的地壳总是那么的不稳定。20 世纪 60 年代，这个多灾多难的国家又被厄运笼罩了。一天清晨，位于智利的蒙特港附近海底，世界地震史上罕见的强烈地震突然发生了。震级之高、持续时间之长、波及面积之广均极其罕见，在前后一个月中，共先后发生过不同震级的地震 225 次。其中震级在 7 级以上的竟然达 10 次之多，包括 3 次 8 级的地震。

地震开始时，震动还相对显得轻微，大地只是轻轻地颤动着。和以往不同的是，它连续不断地发生。接着震级一次比一次更高，震动也愈发的剧烈。仓皇之中，人们东倒西歪、摇摇晃晃，跌跌撞撞地跑到室外。

不过，连续两天持续不断的震荡，给人们一种不以为然的麻痹情绪。由于地震持续时间相对较长，并且破坏程度并不是很大，人们后来也不再像开始时那样惧怕了，有人甚至搬进了破裂的屋子。当然也有不少人担心更大的地震接下来会到来。

突然，震耳欲聋的响声响起。呼啸着的地震波从蒙特港的海底传来。很快大地便剧烈颤动起来。没多久，陆地出现了裂缝；很快，部分陆地又突然隆起，好像一个巨人翻身一样。刹那，峡谷呼啸，海洋翻滚，崩裂的海岸到处都是岩石，海滩被碎石堆满了……

这次地震，是地球上震级最高、最强烈的地震，其震级高达 8.9 级，烈度达到 11 度，影响范围在 800 公里长的椭圆内。大地震过后，还引发了巨大的海啸。海啸波以几百公里的时速横扫了太平洋沿岸，智利的康塞普西翁、塔尔卡瓦诺等城市都被海啸摧毁殆尽，致使 200 多万人无家可归，流离失所。

## 欧洲冬天会越来越冷

两个罕见现象存在于北半球：一方面，欧洲的冬天特别寒冷；另一方面，北美洲虽然也处于北半球，但气温却非同一般的暖和。美国气象学家奥赫恩认为，北半球之所以出现冷热不同的两个极端，最根本的原因在于过密的航空运输班次。根据他的理论，飞经北半球的航班特别频繁，北半球东西地区的气流被飞机所产生的强大气流所截断，导致北半球冬天的气温产生了上述的变化。而更多的专家不认同他的看法，他们认为：欧洲不寻常的寒冬的出现，与主宰全球天气的暖流移动速度减弱有一定关系。

从 2005 年开始，暴风雪和寒流先后袭击了欧洲各国。英国气象部门已发出警告，让人们做好准备，“迎接数十年来最冷的冬天”；摄氏零下 30 度的低温也再次光临莫斯科，让耐寒的俄罗斯人都有些无法忍受……欧洲的冬天缘何越来越冷？专家们都认为，是人类行为导致欧洲冬天逐渐变冷。

在以前，欧洲国家的冬季气温要比同纬度其他地区高出不少，特别是中欧和西欧，气候都相对比较温和，而这一切应归功于北大西洋暖流。

原来，大西洋洋流在到达挪威附近海域时，温暖的海水会被冷却，然后慢慢开始下沉并同时向南回流；当水流回到达赤道以南地区后就又会再变暖，进而推动温暖的洋流再由南至北向高纬度流动，从而周而复始、源源不断地把热量带到北大西洋地区，为欧洲送去温暖的冬季。

德国气候变化所的拉姆斯道多夫教授认为，欧洲越来越冷的冬天，说明大西洋洋流循环出了问题。赞成这个意见的还有英国气象学家布莱登，他经过取样调查后发现，自 1957 年以来，深海的冷水回流速度明显下降，特别是自 1992 年以来，下降速度特别得快，现在，北大西洋暖流流速比 50 年前下降了大概有 31%。

大西洋洋流速度之所以减弱，是由于温室效应令大西洋淡水量增加。持续变暖的全球气候，使北极与南极的冰雪快速融化，大量淡水注入北大西洋，改变了海水中盐分密度，导致冰水下沉速度急剧下降，洋流向北推动的力量逐渐缺乏，其流速不但在减弱，甚至有可能有一天会停止。

布莱登说，如果洋流流速减弱的这种现象一直持续下去，英国冬天的温度将在未来 10 年里会下降 2 摄氏度；而如果洋流完全停止的话，那么在未来 20 年里，北欧和西欧的平均气温很可能会下降 6 摄氏度甚至 10 摄氏度。意思就是，温室效应并不意味着是温度一直升高，在欧洲，全球变暖会表现为冬天越来越冷，夏天越来越热。

布莱登认为，地球进入下一个寒冷期将是全球变暖的最终结果。可以预料，如果全球变暖持续下去，欧洲冬季的气温将会不停下降，而且这个过程将会在相当长的一段时间内持续。

## 火星热带冰川可能来自降雪

火星极地有冰盖很正常，但在远离极地的火星赤道地带，也发现了冰川沉积物。他们到底是从何而来？科学家一直为此争论不休。有人认为，历史上可能有火星热带的地下水源形成了冰川，但也有学者认为降水形成了冰川。

火星极地的冰盖和赤道地区的峡谷、火山有冰川沉积物的痕迹是由美国宇航局“海盗”号飞船首次发现的。美国“火星环球勘测者”、“奥德赛”等探测飞船，也曾经先后发现了火星低纬度和赤道地区山谷有冰川沉积物存在的相关证据。

美、法两国科学家的研究表明，火星热带地区的冰川极有可能是来自数百万年前的降雪，而并不是人们认为的地下水源。这一成果不仅有望让30 年来围绕火星热带冰川的争议结束，甚至会对未来人类登陆火星产生重要影响。

美国布朗大学教授黑德和法国巴黎大学的福热等人，通过综合运用各种探测数据和一个气候演变模型，对火星热带冰川的形成进行了系统的研究。他们一致认为，冰川应该是由历史上的降雪所形成的。

研究人员说，在数百万年之前，火星的自转轴偏转了45度，这促使其北极朝向太阳，在阳光辐射下火星北极积累的冰盖蒸发，在气流的输送下水蒸气朝南运动。由于火星热带地区的山脉和火山群坡度十分的陡峭，导致气流中的水蒸气以雪的形式降落到地面。日积月累，这些积雪慢慢变成了冰川，冰川沉积物也在地面留下。

## 最大湿地45年后将不复存在

潘塔纳尔沼泽地是世界上最大湿地，这是一块神奇的土地，更是人类宝贵的自然遗产。

在这块土地上，有1000多种动物栖息着，包括650种鸟类、230种鱼类、95种哺乳动物、167种爬行动物和35种两栖类动物，而且还有相当数量是珍稀动物和濒临灭绝动物。

世界上最大的植物群也在这里，湿地、稀树草原、亚马孙和大西洋雨林这四种在南美极具代表性的生态系统并存。另外，大量河流、湖泊和被水淹没或部分淹没的平原在这里分布着。由于潘塔纳尔沼泽地特殊的自然条件，种类繁多的生物，于是，它被联合国教科文组织列为世界生物圈保护区，同一年又被联合国教科文组织列入人类自然遗产名录。

不过，这块人类的自然遗产却遭到严重的破坏，截至目前，潘塔纳尔沼泽地平均每年以2.3%的速度在慢慢减少。长此以往，45年以后，世界上最大的湿地将在地球上消失，同样，那里的生态环境也将遭到巨大破坏。

潘塔纳尔沼泽地位处总面积达60万平方公里的巴拉圭盆地，在巴西境内约有36.3万平方公里的面积，主要分布在位于巴西中部的马托格罗索州和南马托格罗索州的87个城市。据有关方面的调查数据显示，在上述87个城市中，目前有一半土地已经遭到破坏的城市达到了59个，在其余28个城市中，破坏程度也分别在12%—49%。在破坏最严重的22个城市中，平均达到了80%的森林破坏面积，而当中的19个城市的森林破坏面积更是达到90%。截至目前，潘塔纳尔沼泽地的植物破坏总面积已经达到17%，整个巴拉圭盆地的森林破坏面积也已经超过45%。

巴西保护潘塔纳尔计划负责人桑德罗说：“造成森林破坏的重要原因有两个方面，一是在平原地带，畜牧业的大量发展，造成很多植物被毁。保护该地区的生态环境已经变得刻不容缓。因为大量的森林和植被破坏将会带来很多严重的后果，比如雨量减少、河流水位下降甚至干涸等。二是在高原地带，当地政府鼓励大量开垦土地，主要用来种植大豆。”看来，如果我们不采取必要措施，这块世界上最大的湿地一定会很快消失。

沼泽地与森林、海洋并称全球三大生态系统，具有维持生态安全、保护生物多样化等功能，所以人们把沼泽地称为“地球之肾”、天然水库和天然物种库。丧失沼泽地就等于使“地球之肾”失去功能，后果将不堪设想。

巴西政府现已认识到情况的严重性，除了加大资金投入外，当地政府正在通过发展生态旅游促进当地的经济发展。这不仅可以减少和杜绝对沼泽地的破坏情况，也可以为该地区在保护自然资源和生态环境方面储蓄资金。

# 孟加拉国特大水灾

水灾是自然灾害的一种，孟加拉国所处的地理位置使它频繁遭受水灾的袭击。

孟加拉国位于孟加拉湾以北，属于恒河平原的东南部，它的西侧为东高止山脉，东临阿拉干山脉，北为喜马拉雅山脉。境内有230条河流，年年的河水泛滥都使孟加拉国蒙受巨大的损失。加之这里地处季风区，从印度洋上吹来带着温暖而又饱和的水汽的西南季风向低压区冲来，当受到山脉的阻挡时，就会马上降雨。这就使地势平坦低洼处的孟加拉国难逃水灾的侵袭。

20世纪80年代，孟加拉国饱受了有史以来最大的一次水灾。连日的暴雨，肆虐的狂风，这突如其来的天灾，使毫无防备的居民不知所措。短短两月间，孟加拉国64个县中有47个县受到洪水和暴雨的侵袭，造成2000多人死亡，2.5万头牲畜淹死，200多万吨粮食被毁，2万公里道路及772座桥梁和涵洞被冲毁，千万间房屋倒塌，大片农作物被淹，受灾人数达2000万人。水灾给这里的居民带来的不仅是贫困、饥饿，同时也带来了大量的细菌。多种疾病在受灾区流行，约有80万人被染上痢疾，近百人因此而丧生。这无疑又使孟加拉国人民的生活雪上加霜。

水灾的到来，加剧了人民的贫困程度，联合国就此展开了两项粮食供给计划。仅一项计划的实施每年就要耗资2000万美元。

这样巨大的项目却仍未得到政府的重视。大自然虽有其不可抵挡的力量，但通过有效的预防措施可使其破坏程度降到最低限度。孟加拉国灌溉、水利发展和防洪部长阿尼斯·伊斯拉姆·马哈茂德在事后说道："如果我国同印度、尼泊尔能在有效利用本地区水资源，即在旱季增加河水流量，在雨季控制洪水这些问题上达成协议的话，我们是可以减轻洪水灾害的严重程度的。"是啊，如果这些能早点实现，数以千万的人民就不会无家可归。

## 全球变暖的危害

科学研究表明：全球变暖将使世界上四分之一的陆地动、植物，即100多万个物种在未来50年之内灭绝，这必将对人类的生存生活造成灾难性的影响。

我们都知道植物在进行光合作用时，需要吸收二氧化碳和水，从而制造有机物并释放出氧气。与此同时，植物的根及土壤中的微生物又会产生大量二氧化碳。这一"吸"一"呼"，对大气中二氧化碳的含量起着非常重要的调节作用。但是，很多研究结果表明，森林在光合作用过程中吸收二氧化碳的比例几乎是相等的，即每公顷森林平均每年吸收6.6吨二氧化碳；但森林产生的二氧化碳量却根据其所处地理位置的不同而有所变化。但如果森林砍伐过度，剩余的树根和枝叶在几年的腐烂分解过程中，也是一样向大气中释放二氧化碳的。

二氧化碳是所有温室气体中含量最多、影响最大的气体，据估计大气中二氧化碳的温室效应占全部温室气体总温室效应的61%。但现在二氧化碳在大气中的含量一直在持续增长，而这一迅速增长的原因主要是由于人类活动造成的，其中最重要的是工业的发展而大量使用化石燃料。一项研究发现，即使是远离人类活动范围的动、植物，也会受到人类活动所导致的环境变迁的影响。

几十年前，史密斯热带研究所的威廉姆·劳伦斯等成员在南美洲热带雨林里划出69个都是1公顷的区域，观察树木的生长情况。他们原本是要把人烟稀少的18处区域当成标准组，和其他人类活动较频繁的区域相对照。可结果他们却发现，这18处区域同样受到人类文明的产物二氧化碳的影响。标准组里，在森林最上方组成树冠群的树种增多了，而下方组成次树冠群的树种却减少了。劳伦斯指出，森林的动态平衡显然受到了影响。

劳伦斯解释说，这是因为生长速度快的树种在二氧化碳的滋养下生长得更快了。自20世纪开始人类大量使用化石燃料起，向大气排放的二氧化碳就越来越多。而二氧化碳又是快速生长的树种所不可缺少的营养，因此它们把握了时机，开始在森林里称霸。如果这个趋势持续下去，生长速度缓慢的树种将很难生存，这对生物多样性的维持无疑是一个坏的消息。

劳伦斯还警告道，该担心的还不仅是生物多样性的问题。生长缓慢的树种，生产的木质和叶片密度较高，因此这些树木种群的减少代表着热带雨林的固碳能力也下降了。

在某种意义上，森林吸收的二氧化碳，最终会差不多如数奉还给地球。经过研究，在大气二氧化碳浓度增高的情况下，森林吸收二氧化碳的能力可能不像人们想象的那么高，仅靠种树并不能有效地遏制全球变暖的步伐。

# 秘鲁大雪崩

位于南美洲西部的秘鲁，拥有一望无垠长达3000多公里的海岸线。同时，它还是一个多山的国家，山地面积占全国总面积的一半，其中，著名的安第斯山脉的瓦斯卡兰山峰，山体坡度很大，峭壁陡峻，山上常年积雪，“白色死神”经常降临于此。

20世纪70年代的一天，当人们都已沉睡于梦乡之中时，忽然，位于秘鲁安第斯山脉的瓦斯卡兰山传来了雷鸣般的响声。随即大地像波涛中的航船，在猛烈、疯狂地颤抖着。紧接着，又从远处传来了天崩地裂般的响声。震耳欲聋，把人们从睡梦中惊醒。人们被这突如其来的响声惊呆了。还没等明白出了什么事，房屋便东倒西歪、吱吱作响地坍塌下来。

这时，人们才意识到地震灾祸已经降临。那些还未及逃离屋子的人们，都被压在坍塌下来的乱砖碎石之中。外面，寒风凛冽，漆黑一片，只听到隆隆的崩塌声。

忽然，又一阵惊雷似的响声由远至近，从瓦斯卡兰山峰方向传过来。没多久，山崩地裂，雪花飞扬，狂风扑面而来。由地震诱发的一次大规模的巨大雪崩爆发了。地震把山峰上的岩石震裂、震松、震碎，地震波又将山上的冰雪击得粉碎。瞬时，冰雪和碎石犹如巨大的瀑布，紧贴着悬崖峭壁倾泻而下，几乎以自由落体的速度塌落了九百米之多。

刚遭受地震袭击的容加依城，人们惊魂未定，又被随之而到的冰雪巨龙席卷，大多数人被压死在冰雪之下，许多人窒息而死。这是目前为止，世界上最大、最惨痛的雪崩灾祸。

# 发现听命湖

这个世界上真有呼风唤雨的人吗？傈僳族能唤雨呼风的秘密是什么呢？

在我国云南的怒江州，神秘的怒江大峡谷，生活着一个奇异的民族——傈僳族，他们能上刀山、下火海，还有一个神秘的本事——呼风唤雨。难道这是真的吗？世界上真的有这样奇异的事情吗？

传说很多年前，有一个上山采药的傈僳族人，深入高黎贡山寻找草药，凭借着一把砍刀开路，走了一天，来到了一个湖边。就在这个湖边，采药人惊奇地发现，自己突然拥有了一种神秘的力量。他对着湖大声喊叫，然后，湖上竟然下起了雨，他试了几次都如此。这个发现让他相信，自己拥有了能呼风唤雨的本事。后来其他的傈僳族人只要来到这个湖边，大声喊叫，湖边就会飘来一阵云雾，然后开始下雨。所以老乡们给这个神秘的湖起了个名字，叫做听命湖，意思就是能听从人们命令的湖。

高黎贡山盘桓在云南西部，这片跨越了5个纬度带的山脉，保存了地球上唯一从湿润的热带森林到温带森林过渡的完整区域。随着海拔高度的变换，植被也明显不同。海拔低的地方长着原始的高山竹林，竹子身上长满了湿湿的青苔，海拔高的地方长着传说中的高山大树杜鹃。

那么，为什么来到这个湖边的人能够突然具有呼风唤雨的本事呢？难道真有什么奇异的力量在起作用吗？

根据常识，我们知道，一般降雨需要满足三个条件：上升气流、凝结核、充足的水汽。

我们平常见到的降雨是这样形成的：首先要有一块充满水汽的云彩飘过来，然后云彩遇到一股气流，使云彩不停地运动，云彩内部的水汽在运动中遇到灰尘之类的凝结核，在高空低温的状态下，形成了小小的冰晶，这些冰晶不断碰撞，增大，最后云层托不住了，他们就掉下来，变成液态的水珠，形成降雨。人工降雨就是利用了冰晶凝结的原理，在有云层的情况下，向高空播撒干冰或碘化银等冷云催化剂，加速水汽的凝结，增加云彩里的冰晶数量，促发降雨。

在云南区，空气湿润，山里常年云雾缭绕，这样的条件满足了下雨所需要的条件之一：充足的水汽。可是，人们在听命湖，只是大喊几声，为什么也能下雨呢？难道声音也能起到碘化银的作用吗？

科学证明，声源体发出声音会引起四周空气振荡，那种振荡方式就是声波。声波可以引起空气的扰动，从而产生气流的碰撞。在听命湖，人们发出的声音就起到了扰动相对稳定的空气，从而使湖面产生上升气流，进而起到使云层加速运动的促进作用。

再加上由于地处低纬度、高海拔的山区，这里常年云雾缭绕，雨量充沛，它的环境清洁、单纯，保持着一种脆弱的平衡，局部气象一直保持在一种不稳定的、处在下雨与不下雨的临界状态，容易受到声波扰动影响，而其他地方并不是处于这种状态。

什么是临界状态呢？例如满满的一杯水，虽然很满但是还没有溢出来，这就是临界状态。这时我们再往里加一滴水，或者是轻轻晃动一下杯子，水就会溢出来。听命湖的降雨就是这个道理。由于水汽饱和，周围群山环绕，环境单纯没有其他因素的影响，它就保持稳定的状态。一旦受到影响，就会发生变化。量变积累到一定程度，就达到质变。因而人们在湖边大喊的声音，就能够影响到气流的变化，从而形成阵性降雨，这喊声就是这最后的一滴水。由于听命湖坐落在大山深处，四周都是高山，这样的环境能起到汇聚声音的效果。在群山环绕之中，人们的呼喊声被山峦放大，达到了一定强度，从而具有扰动空气的作用，使听命湖上空的气流碰撞，产生雨滴，这就是听命湖呼风唤雨的秘密。

## 洋流助航的学问

洋流助航可以节省时间，降低成本，早在哥伦布时代，人们就已经意识到洋流助航的重要性。

15 世纪末，意大利航海家哥伦布率领由三只船组成的船队，从巴罗斯港出发，向西横渡大西洋，经过 37 天的漫长航行，到达了今天的巴哈马群岛，发现了一块美洲新大陆。哥伦布第二次去美洲时，没有按原路向西航行，而是顺着西班牙和北非西海岸南下，接近赤道时才向西横渡大西洋。这次只花了 20 天时间就顺利到达美洲。你也许要问，为什么绕了一个大圈，时间却比第一次少用了 17 天？原来，海洋表层海水常年受盛行风的影响，推动海水随风漂流形成洋流。海轮顺着洋流航行，速度比逆着洋流航行要快得多。哥伦布第一次去美洲是逆着北大西洋暖流航行的，逆风逆流，花的时间自然比较长。而第二次去美洲是顺着加那利寒流和北赤道暖流航行的，最后只花了 20 天时间就顺利到达。

值得一提的是，我国历史上伟大的航海家郑和早在哥伦布远洋航行半个多世纪以前，就开始利用洋流助航了。15 世纪初，郑和奉明成祖之命，率领由 200 多艘大小海船，2.7 万多人组成的庞大航队、浩浩荡荡地从刘家港出发，船队沿中国海岸南下，经过马六甲海峡，横渡到北印度洋，沿途经中南岛、南洋群岛、南亚、最远到达非洲东海岸和红海沿岸。郑和先后航海 7 次，他们在冬天出发向西航行，此时北印度洋上吹的是东北季风，在东北季风吹拂下，海水从东向西流，沿途顺风顺流，半年后进入夏季、北印度洋上改吹西南季风，在西南季风吹拂下，海水从西向东边流去，这时他们开始返回，这一路上还是顺风顺流。看来，郑和早就懂得利用北印度洋季风环流为他助航。看来，中国人远洋航行在利用洋流助航这一方面，远远领先于欧洲人。

现在，很多国家的航运公司都认真研究洋流的运动规律，尽可能利用洋流助航，最著名的例子是美国爱友松公司聘请海洋气象局通过人造卫星测得墨西哥湾暖流的路线、流速、主轴位置等。根据所获资料，该公司的轮船在墨西哥湾暖流最大的流速区顺流向北航行，返航时则避开主流区，尽量靠近海岸南下，结果，1975 年该公司的 6 艘海轮全年节约燃料 12500 多桶，折合 36 万美元。以后，该公司一直利用这条航线航行，节省了大量的经济成本。

## 神秘的罗布泊

罗布泊是我国著名的咸水变迁湖，因这里发生过许多离奇事件，而被称为“神秘之地”。

罗布泊古称蒲昌湖，又名盐泽。罗布泊主要位于新疆塔克拉玛干沙漠的东部，西起塔里木河下游，东至河西走廊，南邻阿尔金山，北到库鲁克山。在历史上，它曾接纳从塔里木盆地流来的众河之水：西部主要有塔里木河、孔雀河以及车尔臣河；东部主要有甘肃的疏勒河。所以，蒙古语称它为“罗布诺尔”，意思是“汇入多水之湖”。

据我国古代史书上记载，它曾是神话般的文明古国楼兰的所在地。《汉书》描述它“广袤三百里，其水亭居，冬夏不增减”。清代，阿弥达深入湖区考究，在《河源经田名》中这样记载：“罗布淖尔为西域巨泽，在西域近东偏北，合受偏西众山水，共六七支，绵地五千，经流四千五百里……以山势撰之，回环纡折无不趋归淖尔，淖尔东西二面百余里，西北百余里，冬夏不盈不缩……”

然而多少年来，人们对这个地区了解不是很多，一些中外学者虽然对罗布泊有很大兴趣，但真正敢闯入该地区探险考察的，却没有多少人。因为罗布泊的自然条件非常恶劣，不仅没有人烟，就连生物也很难生存。

20世纪初，瑞典探险家斯文赫定去罗布泊考察，从沙漠南部进入该地区，中途死了3个帮手、7头骆驼，他本人死里逃生。回国后，他写了一本《长征记》，记述了那次去罗布泊的难忘经历。

罗布泊在历史上曾是“丝绸之路”的必经地带。那时，来往商旅、游客穿过这个险恶地区，经常因饥渴而死，被人们称为“死亡之地”。

我国唐朝著名的大旅行家玄奘法师去印度取经，也曾走过这一段路程。据说，他到了瓜州（今甘肃敦煌）以后，听到人们对罗布泊的介绍，跟随他的几个人都不敢往前走了，于是，玄奘一个人带着别人送给他的一匹老马，依然走进了这个可怕的地区。在大沙漠中，他苦熬了几天几夜，并且迷失了方向，眼看就要干渴而死，幸亏后来那匹老马把他驮到一个有泉水的地方，才得以逃生。

长时间以来，罗布泊不知吞噬了多少人的生命，直至近代，中外探险者们还把这里视为畏途。就在20世纪80年代，我国著名科学家、中国科学院新疆分院副院长彭加木同志来罗布泊地区考察，中途断水，为了节省开支，他没有用飞机空运淡水，只身一人冒险寻找泉水，不幸牺牲在罗布泊附近的茫茫沙漠中。

长时间以来，由于湖盆内部新构造运动和气候的变化，它的位置和积水轮廓曾经历了三次大的变动。距今最近的第三次大变化，大约在公元13世纪，随着我国西北地区气候变干，流入罗布泊的水量大为减少，湖泊面积不断缩小，一直延续到近代，罗布泊面积缩小到了最小的程度。

20世纪30年代，我国陈宗器等人到罗布泊测量，当时湖水面积为2000平方千米，南北长170千米，东西宽40千米，形状如人的耳朵。现在的罗布泊，湖底已干涸，残留的湖水非常浅，到处是连片的沼泽，人若误陷其中，将无法自拔。沿岸裸露的湖底，布满了盐层，有的地方坚硬的盐峭耸立，如石林一般。盐峭都是正多边形的结晶体，达80厘米高，直径50厘米，上部周围翘起，中间凹下，好似荷叶，地面沙碱土，下面埋藏着盐的大块结晶体，以及丰富的钾盐、石膏、镁等矿物。

罗布泊的恐怖让人胆战心惊，它的丰富矿藏又让我们充满渴望。也许有一天，在科技手段的辅助下，我们每个人都可以走进这个地方，去领略它的神奇并探寻它的秘密。

## 冰山的威力

海面上漂浮的冰山在阳光的照耀下，发出璀璨的光芒，光彩夺目。可是，这些美丽的冰山却是轮船的“杀手”。我们熟悉的泰坦尼克号就是在冰山的撞击下沉没的。

20 世纪初的一天，泰坦尼克号载着 2207 名旅客和船员作处女航时，同一座漂浮的冰山发生了仅仅为时 10 秒钟的碰撞，便造成 1513 名旅客遇难的悲剧。这辉煌的首航竟给它带来了葬身海底的厄运。

泰坦尼克号在世界航海史上曾被骄傲地称为“永不沉没的巨轮”，该船船身相当于三幢半住宅大厦的长度，被欧美新闻界誉为“海上城市”。

泰坦尼克号游轮从英国南安普敦起航开往纽约，登上这条船的有很多是富商大贾和英、美两国的社会名流，他们都希望在这条崭新的梦幻般的巨轮上逍遥自在地度过美妙的一周。在甲板下面的低等客舱里乘坐的是数百名移民，他们将要越过大西洋，去崭新的世界开创自己的新生活。

船航行到第四天，报务员收到了航行在前方的船只发出的紧急电讯，电讯提醒他们冰山超乎寻常地向南漂浮，已经到了附近海域。不久，泰坦尼克号又收到了同样内容的紧急电讯，令人遗憾的是这些警告均未受到高傲的船员的重视，第一次收到的警报被丢到一边，几个小时没有向船长报告，后来的两次干脆没有送交到指挥室。船员们坚信，泰坦尼克号是永不沉没的巨轮，任何冰山对它而言都构不成威胁。

黄昏刚过，气温便开始骤然下降，冰山临近的迹象已经十分明显，但是泰坦尼克号却既没有改变航线也没有降低航行速度。夜幕降临之后，爱德华·史密斯船长布置了警戒冰山的瞭望哨。23 点 40 分，瞭望台上的人最先发现了冰山，值班军官下令向右舷急转弯。可是太迟了，灾难无法避免，冰山已经将船舷外壁撞开了一条 100 米长的裂口。

大多数旅客只是感觉到了轻微的震动，这种轻微的震动几乎没有引起任何人的注意，但是随船的工程师们经过察看后认定：该船已经无法挽救了。他们分析，如果船上的 16 个防水舱只有 4 个进水的话，船还可以浮在水上，但不幸的是有 5 个底舱的外壁被冰山撕裂了。很快的，海水已经将三等舱房间里的地板淹没。船员用莫尔斯电码发出了最新规定的 SOS 呼救信号，在海难中使用这种信号还是第一次。

午夜12点零5分，按照船长的命令救生艇开始下水。旅客们并不清楚，在所有的救生艇上总共只有1178个座位，只能接纳旅客总数的一半。起初，旅客根本不相信会有什么危险。随着船体出现了危险的倾斜，旅客们失去了原先的镇静。

按照安排，妇女和儿童首先离开船。头等舱里的乘客最先登上了救生艇，在他们当中只有4名妇女在这次海难中丧生。二等舱和三等舱里的272名妇女当中幸存下来的却只有96人。有一段时间，为了防止下面的乘客涌到甲板上来，三等舱通向甲板的门甚至都被上锁了。凌晨2点40分，泰坦尼克号几乎在水中直立起来，然后便头朝下沉入了3000米深的大西洋中。那些低等舱中的移民们和泰坦尼克号一起葬身于海底，甲板上的人全被抛入了冰冷的海水，毫无意外地成了随葬品。

造成这条豪华巨轮沉没的冰山，其实是漂浮在极地海域的巨大冰块。每年春夏时节，因气温升高极地海洋冰块破裂而生成，在向温带、热带漂移时，逐渐消失。它们体积相差很大，大的冰山可达几公里长，这样的庞然大物，是海上行船的巨大威胁。

## 安徽花山古石窟

古徽州花山石窟群是目前我国发现的品位最高、规模最大、面积最大、谜团最多的古石窟遗址。

2001 年，安徽省黄山市屯溪县，当人们清除掉花山上厚厚的淤泥后，隐藏了千百年的花山古石窟终于重见天日。人们惊异地发现，屯溪花山石窟群并非天然而生的溶洞，而是巧夺天工的人工开凿的洞窟，内壁上人工凿痕整齐美观、清晰可辨。地质学家初步考证表明，迷窟群始建于至少 1700 多年前的晋朝。

与诸多著名石窟相比，屯溪石窟群洞内空间奇大，结构怪异，有的层层跌宕，洞中套洞；有的石柱擎天，奇幻神秘；有的水波荡漾，迂回通幽。而洞中无壁画、无佛像、无文字，也没有史料记载，因此留下了一段谜案。

与此同时，在屯溪石窟群东侧的歙县烟村，人们又发现了 36 座古石窟，也同样是古代人工开凿而成，两处石窟群紧邻，形态相近。而在令人叹为观止的黄山 72 峰脚下，又出现了神秘的 72 窟。

古徽州花山石窟群中，35 号大理石窟由一座地下宫殿石雕成。26 根石柱顶天立地，呈品字形排列，撑起洞府天地，石床、石桥巧妙分布，洞内有潭水，常年不枯，清澈见底。据专家测算，仅 35 号石窟开掘的石料就有 10 多万方，开掘出的石料可以铺出由黄山到杭州约 200 公里的公路。

至今，人们没有发现一块石窟中发掘出的石料踪迹，人们不禁要问：洞中开采出的石头哪里去了？洞中之水比新安江水位高出 2 米，若不是新安江的水，水源在哪里？石窟工程浩大，为何没有文字记载？石窟呈大斜面开凿，坡度恰好与山体的坡度一致，在偌大的洞中听不见回声，如此高超的建筑设计是 1700 年前的古人所为？石窟内没发现任何生活用品，没有任何光源设备，没有烟火痕迹，开采人员如何采光？人们最为疑惑的是，如此隐蔽的工程是何人发动？开凿如此巨大的石窟群有何用途？面对种种疑惑，人们也开始了种种猜疑推测，可遗憾的是种种猜测都不能完整、科学、令人信服地解释石窟的种种谜团。

# 日期的秘密

我们熟悉的日期不像我们平常认为的那么简单，下面的故事将告诉你，日期也有秘密。

16 世纪初，由于新大陆的发现，欧洲人纷纷来到了北美洲。18 世纪末，俄国人也从亚洲越过白令海峡，来到北美洲。他们住在一起，很快就熟悉起来了，可紧接着问题也来了，当英国、法国人说“今天是星期天”时，而俄国人却说，那是“昨天”，“今天”应该是星期一。英国人正在迎接除夕，俄国人却在过元旦了。到了 19 世纪末，俄国贝加尔湖附近伊尔库茨克邮政局的基莫费耶夫，知道了这些事后，准备探讨这种现象出现的原因，揭开它的秘密，他把世界主要城市的地方时间记在地球仪上，然后用台灯当太阳，把伊尔库茨克对准太阳。这时，伊尔库茨克的时间应是当日正午 12 点；而纽约正位于同它相对应的那条经线上，应该是子夜；芝加哥在纽约的西面，相隔经度约 15 度，应是 23 点。

基莫费耶夫面对地球仪，不由想到：芝加哥应该是哪一天呢？他从东向西，经过欧洲、大西洋到北美洲来算，芝加哥应是“昨天”的 23 点，如果从西向东经过太平洋到北美洲来算，芝加哥应是“今天”23 点。基莫费耶夫拨弄着地球仪，左看右看，百思不得其解。第二天，他发出一份电报：“美国芝加哥邮政局长，盼告知收到电报的日期、时间。回电费已付。伊尔库茨克邮政局基莫费耶夫。”这份电报是基莫费耶夫 9 月 1 日当地时间早晨7点发出的，当天，芝加哥的回电来了：“8月31日9时28分接来电。”基莫费耶夫接到电报后可真的糊涂了，这到底是怎么一回事？这一天究竟到哪儿去了呢？

很久以后，人们才知道这是大自然同人开了个玩笑。我们都知道：地球不停地自西向东绕地轴自转，产生了昼夜更替，在同一瞬间，地球上不同经度的地方时刻不同，经度每隔15度，时刻相差1小时，如果以日出作黎明，日落作傍晚，地球上就会出现一条永恒的由东向西移动的“晨线”和“昏线”。

由于地球是个旋转的椭圆体，而东方和西方也是相对的，因此，不可能有固定的黎明开始的地方。1884年世界天文学家召开了一次国际会议，规定把180度经线作为国际日期变更线，又叫日界线，为了避免一些国家在一天之内出现2个日期，给居民生活带来不便，所以真正的日界线是一条弯曲的折线。

这条线的确定，使我们明确了，哪儿是地球新日期开始最早（日界线以西）和最晚（日界线以东）的地区，这样，如果海轮和飞机航行在太平洋上，从西往东越过日界线时，日期就要减去一天；如果从东向西经过日界线，就要马上加上一天（即从日历上撕下一页）。但由于日界线本身（180度经线）是东、西十二区共同的中央经线，所以这两个时区的时刻是相同的，日期相差一天。因此，这是一条特别的日界线，过此线时，只需要更换日期，而时刻保持不变。

在日界线附近常发生有趣的事情。某一年，有一艘客轮从西太平洋向东航行。航行途中海上起了大风，船体剧烈摇晃。这时，一位孕妇捺不住轮船的颠簸而临产了。她先生下一个女婴，5分钟后船自西向东越过日界线时，她又生下一个女婴。结果，一对孪生姐妹先后降生，后出生的妹妹却比先出生的姐姐大一天。这种罕见的情况，也只有在日界线两侧才会发生。

在日界线两侧还有一个广为流传的的故事，一位名叫吕萨的外国商人，于某年4月10日乘飞机从太平洋的马绍尔岛飞往檀香山。上机前1小时，他去机场附近的花旗银行兑换货币时，遇到一位老太太，手里拿着一张过期（兑奖日期是4月9日）的中奖彩票，捶胸顿足，非常难过。这时，走来一位身穿笔挺西服的中年人，他“关切”地对老太太说：“请不要伤心，我愿用3000美元买您这张废票（奖金为8000美元），您老同意吗?”老太太一愣，看到这张废彩票已无任何价值，就同意了。这件事令吕萨好不纳闷儿。

飞机起飞了，在空中飞行了一段时间，忽然耳边飘来航空小姐甜润的播音：“亲爱的旅客们请注意，现在是4月9日10时4分，我们将于11时抵达美国檀香山机场……”吕萨奇怪，上机时明明是4月10日，现在怎么变成4月9日了！吕萨正想回头与后排乘客对表，一瞧，咦，这不正是起飞前购买老太太过期中奖彩票的那位中年人吗？吕萨问：“先生，请问，现在怎么变成4月9日了？那你刚才买的废票不是又有效了吗?”“是的，兑换后我可以净赚5000美元。”中年人得意地笑着说。

后来，那位中年人果然拿着那张中奖彩票在檀香山花旗银行兑换了8000美元的奖金。那张中奖彩票怎么死而复活了呢？原来，本次航班的飞行方向是自西向东，在飞越180°经线附近的日界线时，需更换日期，4月10日变成4月9日，这样过期中奖彩票又可以兑换了。

## 最早发现的恐龙蛋化石

恐龙是地球上已经灭绝的生物，随着它的灭绝，恐龙蛋化石成为我们研究恐龙的重要资料。

一两亿年前，地球是恐龙的天下，最大的恐龙长达 26 米。但是由于地球气候的突变，它们不能适应环境，最终导致绝灭。我们知道，恐龙虽是庞然大物，但它们却是卵生的。可是，在 20 世纪前地球上的任何地方都没有大量发现过恐龙蛋，直到 1922 年在我国北疆戈壁沙漠的西南边缘火峰地方，发现了几乎难以置信的恐龙蛋，有好几窝，每窝十来个，共获得七八十枚之多，各个异常坚硬。其中有不少被沙土压破了，但也有很完整的，更珍贵的是有些正在孵化中的各阶段的蛋，有些头骨已长成即将破壳而出。经专家研究，这些蛋是一种小型恐龙所生，身长不过 1 米多，叫原角恐龙。此外，还发现了很多原角恐龙的骨化石，这一发现震惊了世界。

恐龙蛋被誉为恐龙化石中的珍品，一般比较大。最大的蛋直径 200 多毫米，小的 80 毫米。恐龙蛋的形状有卵圆形、椭圆形、圆球形、扁圆形、橄榄形，有的像玉米棒。在蛋窝中的排列方式：有的围成圆圈呈放射状，有的是成排的前后镶嵌，有的没有规律。恐龙蛋的蛋壳很厚，约 2 毫米，最厚的可达 7 毫米，表面具有别致的纹饰。

随着我国地质科学的发展，我国先后又在广东、江西、湖南、安徽、内蒙、宁夏、新疆、浙江、湖北和河南等地找到了很多恐龙蛋化石。特别是在山东莱阳、广东南雄、江西赣州地区和河南南阳等地区，不同类型的恐龙蛋化石大规模地出土，这更是世界上极为罕见的。据不完全统计，我国现已至少发现 40 处蛋窝、共计 360 多枚比较完整的蛋化石。其数量之大，类型之多，范围之广是世所罕见的。

# 南马特尔遗迹

复活节岛的西侧有一个名字叫做"泰蒙"的小海岛，人们也管它叫做"墓岛"。

泰蒙岛有一处往大海里伸出去的珊瑚浅滩，浅滩上面耸立着89座高大雄伟的建筑物。这些建筑物全都是用大约4米高的巨大的玄武岩石柱纵横交错搭起来的，人们站在远处望去，它们就好像是一座座怪石嶙峋的山峰。走近了再一看，它们又好像是一座座神庙。有人说这些建筑物是远古时代人们的坟墓，它们之间环水相隔，形成了一个个的小礁岛。所以，人们就管泰蒙岛也叫作了"墓岛"。

泰蒙岛是一个非常小的海岛，岛上没有玄武岩石头，人们建造那些建筑物用的玄武岩石头都是从波纳佩岛运送过来的。当地人把这些建筑物叫作"南马特尔"。在波纳佩岛人的语言当中，"南马特尔"有两个意思，一个是"众多集中的家"，另一个是"环绕群岛的宇宙"。

泰蒙岛上的南马特尔遗迹有一半都是没在海水里边。所以，人们只有在海水涨潮的时候，划着小船进去。海水退潮的时候，这些建筑物的周围就会露出一大片特别泥泞的沼泽地，小船根本进不去，人要是走上去特别容易发生危险。

泰蒙岛上的南马特尔遗迹和复活节岛的石像都处在太平洋当中，可它却没有复活节岛那么有名。不过，南马特尔遗迹充满了离奇的传说，使得它的神秘并不亚于复活节岛的神秘。

关于南马特尔遗迹到底是怎么建造起来的，一直是一个难以解开的谜团。南马特尔遗迹的那些古代坟墓，从来就没有一点儿文字记载。据当地的人们说，关于那些古代坟墓的来历，都是靠当地酋长一代一代地口头传授下来的。酋长们之间到底传授的是什么内容，只有酋长自己和可继承酋长宝座的人才知道。另外，酋长们在口头传授那些古代坟墓来历的时候，还有一条特别严格的规矩，就是绝对不能向外人、哪怕是自己的亲属泄露出去，不然的话，就会遭到诅咒，死神就会降临到他们的头上。

19 世纪的时候，有一个名叫伯纳的德国考古学家听说了南马特尔遗迹的事情以后，前来发掘文物。结果，死神很快就降临到了伯纳身上，他莫名其妙地暴死了。

后来，德国军队占领了波纳佩岛，有一个名叫伯格的德国人担任了波纳佩岛第二任总督。据说，这个伯格总督对南马特尔遗迹特别感兴趣，尤其对埋葬着一个叫伊索克莱酋长的那座坟墓充满了好奇，总想把坟墓挖开看一看。

有一天，伯格想尽一切办法，终于从当时酋长的嘴里了解到了一些关于那座坟墓的情况。于是，他立刻下令挖掘伊索克莱的坟墓。没想到，诅咒再次应验了，死神同样降临到了伯格的头上。在他下令挖掘伊索克莱酋长坟墓还不到一天的时间里，他就暴死了。

第二次世界大战的时候，日本侵略军占领了波纳佩岛。有一个名叫杉浦健一的日本学者，他表面上是个所谓的“学者”，可内心里却是一个名副其实的侵略者。杉浦健一心想：南马特尔遗迹里面一定有大量的文物，要是把它们弄到手，不仅可以写出令人惊叹的学术论文，还可以得到数不清的财宝呀！可是，不了解那些古代坟墓的秘密，就没办法把它们挖掘开，那么，怎样才能得到那些古代坟墓的秘密呢？杉浦健一立刻命令几个士兵去抓酋长。酋长被日本侵略军抓来了。杉浦健一命令几个士兵把刺刀对准了这个酋长，然后慢条斯理地说道：“你快点儿把那些古代坟墓的秘密说出来吧。你要是不说实话，这些士兵的刺刀可不是好惹的呀！”酋长面对侵略军的刺刀，想了想，只好把古代坟墓的秘密说了出来。

没想到，几天以后，晴朗的天空突然亮起一道道闪电，紧接着又响起了一阵阵霹雳。这个酋长正在房屋里待着，突然一道闪电闯进屋里，一下子就把他击死了。

那个杉浦健一正在屋子里，打算把记录的古代坟墓的秘密整理一下，将来好出版成书。他刚把记录整理好，也暴死了。

后来，杉浦健一的一个学生拿着他的那些古代坟墓的记录，找到了一个名字叫泉靖的教授，请他继续整理出版。奇怪的是，那个泉靖教授不久也暴死了。从那以后，再也没人敢去干这件事情了。

就这样，似乎除了泰蒙岛的酋长，不管任何人只要想得到南马特尔遗迹的秘密，最后都得到了暴死的下场。那些泄露了南马特尔遗迹的酋长，不管他是怎样泄露的，同样也得到了暴死的下场。

南马特尔遗迹是神秘的，那些诅咒显得更加神秘！为了探求南马特尔的秘密，专家们进行了大量的考证工作。远古以来，几乎全球各地都有关于大洪水的传说，岛屿土著都普遍世代相传着大洪水的故事。以复活节岛为例，岛上土著世代口述相传，指出当地以前本来是块名叫希瓦的大陆（也就是人们常说的沉没的太平洲），后来被大洪水淹没，大部分地区都淹没在太平洋海底，只有复活节岛、波纳佩岛、夏威夷岛等诸岛——这些当年的高山险峰尚突出于海平面。而夏威夷的发音和希瓦极为相似，太平洋岛国斐济的首都就叫苏瓦。

与复活节岛遥隔万里的新西兰土著也把他们祖先的土地称作希瓦，据他们的传说，他们的祖先原本生活在新西兰东方的希瓦土地，后来因为陆地淹没，才逃到现在的新西兰。

从全球地质化石等许多资料来看，在地球的旱季里，海水大踏步地退缩，太平洋诸岛都成了希瓦大陆的高山，富饶美丽的希瓦大陆孕育出了高度的文明——今天被称为太平洲的文明。这样要建成南马特尔巨石城、海底巨石城、复活节岛巨石人像群和诸岛巨石建筑的人力、物力、技术力量都是具备的。

后来洪水淹没了希瓦大陆，幸存者不得不逃往大洋洲和太平洋的孤岛——昔日的山峰上。

从南马特尔古城可以看出，它建有一道巨大的防洪墙，它与复活节岛上的巨大石墙是大洪水季节开始时，希瓦大陆的统治者们防洪用的。他们建造巨大的石像群，作为复活节岛淹没时在海洋上的标志，还可立足其上作为暂时求援之用，这种海洪时退时淹的现象在复活节岛上持续了若干年。

由于后来洪水飞涨，许多地方都成孤岛，人们不得不停下他们的巨大建设工程，所以复活节岛还静躺着300多个规模更大的未完工的巨石像和波纳佩岛采石场留下很多刚开采准备使用的石块。

在山顶建城要比在山下费力得多，所以希瓦大陆最豪华的宫殿城市是在山下，即被淹没在现在的太平洋海底，如南马特尔的水下城，波纳佩岛上的土著世代相传，距南马特尔古城不远的海底有一处淹没的古城。潜水人员在附近海底发现保存得相当完整的街道、石柱、石像和住处。他们还从当地海底捞出十分珍贵的黄金与珠宝饰物，可见史前希瓦（太平洲）大陆人的科学技术已经非常发达。

## 特里斯坦——达库尼亚岛

特里斯坦——达库尼亚岛被称为世界上最孤独的岛屿。它孤零零地立在烟波浩渺的大西洋中，离最近的大陆也有3000公里，是世界上最偏远的有人居住的岛屿。它像一叶小舟停泊在非洲和南美洲之间的汪洋大海里，任凭风吹浪打。这个难以接近的岛屿上有居民300人，小岛是在100万年前的一次海底火山猛烈喷发中浮出水面的。

这些遥远的岛屿是在16世纪初被发现的，葡萄牙航海家特里斯唐·达库摩尼亚第一次看到了它并以自己的名字为它命名。美国人乔纳森·兰伯特在19世纪初成为特里斯坦岛的第一个居民，他宣布自己为岛的主人和皇帝。

兰伯特死后，大英帝国正式吞并了特里斯坦岛。一年后，威廉·格拉斯带着妻子和两个孩子来到这里，成为岛上的第一个家庭。这个家庭后来有了8个儿子和8个女儿。这些子女与来到特里斯坦的船员和5名妇女通婚。在他们及其后代中，产生了7个不同的姓氏，即现在岛上的7个家庭。岛上从来没有一对夫妇离婚。

岛上居民讲英语，信仰新教。他们没有什么娱乐活动，但对来自外部世界的消息有很大兴趣。他们的政府接到很多人想在岛上定居的申请，但特里斯坦岛对外的大门紧紧关闭着。他们到第二次世界大战后才使用货币，岛上至今没有电视节目，但可以看录像。

岛上唯一的城市叫爱丁堡，那里没有机场，只有一个小渔港。渔港的一块牌子上写着："欢迎你到世界上最孤独的岛屿来。"人们进出岛屿都是乘坐为数不多的货轮，这些货轮运送的是岛上7户人家所需的食品与药品。岛上居民一般不使用姓氏，只使用名字，因为在这里不需要姓氏。

岛民骄傲地说他们有医院、学校、邮局、博物馆、咖啡馆和游泳池。威廉·格拉斯签署了特里斯坦的第一部宪法，使自由团结而不要政府控制的生活第一次从理想变为现实，这种精神一直保持到今天。岛民在15岁上完学后，经过一年的专业培训，就有了工作能力，如果还想读书，可以到英国去上大学。

他们的经济活动通过岛上的主要财源——小龙虾的捕捞和销售——来

运转。小龙虾主要出口到美国和日本，因味道鲜美而价格可观。这笔收入保证了岛上的基础设施建设和居民的工资发放。岛上的居民生活的很安逸，也很自由，还可以与外界进行联系。如此看来，他们其实并不孤独。

# 神秘的海底世界

海洋是水循环的起始点，又是归宿点，它对于调节气候有巨大的作用；海洋为人类提供了丰富的生物、矿产资源和廉价的运输，是人类一个巨大的能源宝库。地球有 71% 的表面是海洋，辽阔的海洋与人类活动息息相关。随着科技的进步，人类对海洋的了解正日益深入，但神秘的海洋是如此的博大幽深，人类总是不能了解它的全部秘密。

## 西太平洋洋底地貌复杂之谜

由于太平洋洋脊偏侧于东南方，在太平洋东部形成了扩张性的海底地壳：东太平洋海隆。但在太平洋中西部广阔的洋底，地貌复杂，存在着一系列的岛弧、海沟、洋底火山山脉、岛弧分隔成的较小的洋盆等，看来并不完全像是由海底扩张所产生的洋底地貌，而更像是古老大洋洋底的一部分。因为海底扩张所形成的地貌，除了海沟、岛弧、沿岸山脉外，大部分应是较为平坦的、从洋脊到海沟一定倾斜的海隆地貌。虽然有人试图对此作出解释，但未有较公认、一致的看法。

## 无震海岭与大陆平静山系的形成

一般认为大洋中脊是大洋地壳的诞生处，大陆边缘的山脉是海底扩张运动的结果，它们的成因有较完美的解释。但在各大洋中，还存在着许多无震海岭，它们与大陆内部的一些平静、古老的山系一样，其成因仍未得到较为公认的解释。美国有人提出所谓“热点说”，试图解释无震海岭的形成，他们认为热点处火山活动的发源地固定于板块之下的地幔深处，当板块移过热点上面时，随着热点处岩浆不断喷发，就可以形成一列沿着板块运动方向的火山脊或火山链，即无震海岭。

## 阿留申岛弧之谜

阿留申岛弧是地震频繁的地区之一，令人感兴趣的是，阿留申岛弧向南弯曲，这种形状似乎显示是一种自北向南的力推动形成的，如史前冰川的推动等。另外，阿留申岛孤南侧的深海沟表明，太平洋的海底扩张对其他的作用是向北推进的，但从太平洋洋脊位置来看，太平洋洋脊伸入到北美大陆，南北向偏东分布，其扩张方向应是向西偏北，而不应向北，那么，阿留申海沟是如何形成的呢？这成了海洋地理上的一个难解之谜。

## 太平洋洋脊偏侧之谜

从全球海底地貌图中可以看到，海底地貌最显著的特点是连绵不断的洋脊纵横贯通四大洋。根据海底扩张假说，洋脊两侧的扩张应是平衡的，大洋洋脊应位于大洋中央，但太平洋洋脊却不在太平洋中央，而偏侧于太平洋的东南部，并在加利福尼亚半岛伸入了北美大陆西侧。显然，从加利福尼亚半岛至阿拉斯加这一段的山系、火山、地震等，难以用海底扩张假说解释其成因。那么，太平洋洋脊为什么偏侧一方？北美西部沿岸的山系、火山、地震等又是怎样形成的呢？这又是海洋科学家面临的一道难题。

## 南北半球地震不均衡

有人曾对南北半球发生在1900—1980年6级及6级以上共7936次的地震做过统计，结果发现南北半球发生地震的次数是不均衡的：北半球共发生了4634次，南半球只发生了3277次，赤道发生了25次，北半球比南半球多四成以上。纵观世界火山、温泉分布图，亦可发现，北半球要比南半球多，这是什么原因？

由于南北半球海陆分布的不均衡特征，很容易使人联想到海陆分布情况可能影响到地球内能的释放。我们知道，温泉、火山、地震都是地球释放内能的方式，来自地热流的研究给我们这样的启示：地热流是地球内能释放的最基本的形式，地球的内能通过地热流连续不断地经由地壳释放出来，地壳是地球内能释放的最主要障碍，由地壳均衡假说可知，大陆地壳远厚于大洋地壳。又据有关资料显示，大陆地壳的平均厚度为35千米，海洋地壳厚度仅为6千米。不难想象，地球的内能冲破大陆地壳要比冲破海洋地壳困难得多。

由于北半球大陆板块面积比南半球要大，而南半球的大洋板块面积比北半球的要大，因此，北半球的内能更多地受阻于大陆板块，通过地热流释放出来的内能就要比南半球少一些，这些受阻的内能在大陆板块下面积聚，并在地球自转的作用下向中低纬转移，当这些能量积聚到一定的程度，就可能冲破地壳，在一些地壳较薄弱的地带（如板块边缘）以火山、地震等形式释放出来。

在一个较长的时期内，南北半球各自释放的总内能应趋于均衡，即北半球通过地热流、温泉、火山、地震等形式释放出来的内能近似等于南半球通过地热流、温泉、火山、地震等形式释放出来的内能。由于北半球通过地热流释放的内能要比南半球少，其累积的能量就通过火山、地震等形式释放出来。这就是北半球为什么比南半球多火山、地震的原因。

## 北冰洋的海底扩张是否仍在继续

北冰洋是四大洋中最小的，又存在广阔的大陆架，有人把它看成大西洋的一部分，即大西洋北部的一个巨大的“地中海”。虽然北冰洋也存在大洋中脊：北冰洋中脊（南森海岭），但在整个北冰洋地区，火山、地震活动是很微弱的。有人曾做过统计：1900—1980 年，北纬 70°以北只发生了 40 次 6 级以上的地震。一般认为是北极厚厚的冰盖阻止了地震的发生，但至少还有一个原因不能忽视，地球自转产生的偏向赤道的离心力会使地球内部的能量向中、低纬度转移，从而削弱了两极地区的活动。而在南纬 70°以南的地区，1900—1980 年也只记录到一次 6 级以上的地震。一般来讲，任何快速自转的天体，其两极地区的活动均会受到削弱，太阳黑子活动主要发生在南北纬 35°之间，亦可能与其快速自转有关。地球作为一个快速自转的天体，北冰洋的地震和海底扩张活动就不能不受到影响，从其地震、面积、无深海沟等情况判断，北冰洋的海底扩张即使没有停止，也是非常微弱的。

# 气候变化导致巨兽灭绝

一万多年前，北美大陆上到处都是巨兽的身影，如长毛的猛犸象、牙齿锋利的乳齿象、有着剑齿的猫科动物等。但是几千年间，这些巨兽就纷纷走向灭绝。究竟是什么原因导致了这些巨兽的灭绝呢？

有报告称，一万多年前巨兽的灭绝是气候变化而非人类或疾病导致的。

美国阿拉斯加大学的戴尔·古色雷等科学家对600块18000—9000年前的美洲野牛、驼鹿、麋鹿、野马和人类的骨头用放射性碳进行了日期标记，发现在人类的足迹踏上阿拉斯加和现在的加拿大育空地区之前，猛犸象和野马的数量正在急剧下降。然而，就在同一时期，野牛大量存在，驼鹿和麋鹿数量也在急剧上升。如果人类过度捕杀导致了巨兽的灭绝，应当首先捕杀体形小的动物，为何野牛大量存在，而驼鹿和麋鹿数量也急剧上升呢？

更为有趣的发现是，化石记录显示，人类更热衷于捕杀野牛和驼鹿，但是它们幸存了下来。古色雷说：“我想象人类可以捕杀任何他们能够捕杀的动物。但是人类的营地并没有任何的猛犸象和野马尸骨，恰恰相反，只有很多野牛和麋鹿的遗骸。”

来自加拿大和阿拉斯加州大学的科学家认为，从更新世到全新世过渡时期，即晚更新世时期，气候由寒冷干旱变得温暖潮湿，矮草生长更加茂盛，接着出现了森林。在寒冷气候下生存得很好的猛犸象、野马等巨兽，就不能适应新的气候了。由于猛犸象和野马等不能从森林中找到足够的食物，它们就没能幸存下来。古色雷说：“在野马和猛犸象灭绝的同时，野牛和麋鹿数量大增。唯一合理的解释是后者有大量的食物来源。”古色雷还表示，化石记录使人们对一场大瘟疫导致猛犸象灭绝的说法产生怀疑。科学家曾认为致命性疾病会导致所有物种灭绝，但是化石记录上不能体现这一点。并且能够传染并导致多种物种死亡的疾病十分罕见，而且野牛、麋鹿和驼鹿实际上并没有受到影响，因此可以推断这种假设不成立。

尽管目前还没有充足的证据证明巨兽灭绝的真正原因，但诸多证据表明，更新世大型动物群灭绝原因更有可能是人类因素和气候因素的共同结果，而不是简单地归到其中一方。要证明这一点，我们还需要知道各个大洲从何时起人口数量增长到足以影响大型动物群灭绝的地步，需要确定气候参数如何改变就会影响被捕猎动物的数量范围。为了搞清这一点，就需要研究湖积物中大型动物粪便中的真菌孢子，并用DNA来模拟大型动物数量范围的变化。为了更细致地了解最后一次冰期转化是否不同于早期的冰期转化，就需要提高年代学研究水平，并重建南美洲和非洲的古气候。

## 可可西里“生命禁区”

可可西里，藏语意为“美丽的少女”。它是指处于青藏高原腹地，以可可西里山为主体，唐古拉山脉以北、昆仑山脉以南的高海拔中低山、丘陵和湖盆平原区。这里平均海拔5300米，面积达83万平方公里，高寒缺氧，自然条件恶劣，是中国最后一块保留着原始状态的自然之地，被称为“人类生命的禁区”。这里给我们留下了太多的谜团。

谜团1：藏羚羊是多还是少？

提到可可西里，许多人第一个想到的就是藏羚羊，它也被称为“可可西里的骄傲”。多年来，人们为保护这一珍稀物种做了很多努力。但就在前不久，仍然传来了可可西里大量怀孕藏羚羊被杀的消息，让人们不禁为可可西里的藏羚羊种群发展担心。

可可西里科考队成员、中国科学院西北高原生物研究所研究员苏建平博士表示，目前盗猎藏羚羊的情况依然屡有发生，但比起2001年以前的恶劣情况已有了明显好转。谈到藏羚羊的种群发展，苏建平显得相当谨慎，他告诉记者，在没有实地调查之前，任何猜测和假设都不利于科学研究。

针对“过多藏羚羊可能影响可可西里植被正常生长”的说法，苏建平表示，目前并不存在藏羚羊过多的问题，从数量上看，藏羚羊数量依然十分有限，属于濒危动物，亟须保护。此外，他还提醒大家不仅要关注藏羚羊，还要关注野牦牛、藏野驴、棕熊等其他栖息在可可西里的珍稀野生动物。

如果科考队在考察时遇到盗猎分子怎么办？队长丁林表示，由于此次活动是科学考察，不会携带武器进入可可西里，如果遇到盗猎者，科考队不会查处。

谜团2：能否发现石油金矿？

“结合之前的考察结论和卫星遥感的数据，可可西里可能蕴藏潜力巨大的油气资源。”丁林解释道，“可可西里地区的地质构造十分适合油气田的形成，在以前的科考中也曾发现有些地方地表有沥青和原油渗出，一切都说明这里可能存在大型油气田。”但他同时表示，单凭一次科考不太可能探明一个大型油田，还需要相当长的时间来分析评估。

相比油田的悬念，可可西里有丰富金矿的传言由来已久。早在20世纪

80 年代，青海就曾出现过淘金热。当时有 10 多万人陆续进入青海可可西里的边缘地区淘金，甚至有说法称某些机构还向淘金者发放过每张单价 500 元的“淘金令”。

可可西里地区是否有金矿？丁林表示乐观，“这里极有可能存在金、铜、铅锌矿，而且储量应该较大。”但丁林明确表示，除非国家实在急需，否则就算探明也不会开采贵重金属矿藏。“开发和保护一直是可可西里地区的主要矛盾。但在这一地区，保护绝对重于开发。”

谜团 3：无人区有多少秘密？

可可西里是世界第三大、也是中国最大的一片无人区，但几十年来，这片无人区却在大面积缩小，原因主要是人类活动的蚕食。“在南边，（人类）向无人区推进了 100 多公里；在东边，从青藏公路向西也推进了 100 多公里。有很多牧民都在原来的无人区内定居，无人区的面积越来越小。”就在这片无人区里，存在着许多令科学家不解的谜团。

首先是可可西里的成因。可可西里位于青藏高原的腹地，青藏高原的形成主要是板块碰撞造成隆起的结果。但距离可可西里最近的板块碰撞带也有 2000 公里，这么远的距离几乎不可能对可可西里的形成起到作用。那么，可可西里究竟如何形成？至今仍是个谜。“这一次科考将会为我们找到这个问题的答案。通过采样分析，我们很可能得出正确的结论。”丁林对此充满信心。

另一个谜团是可可西里出现的“神秘”湖泊。通过卫星图片，专家发现可可西里地区出现了许多新的小湖泊。这些湖泊的成因是什么？这是一个困扰了科学家很多年的问题。

“现在对于湖泊的成因有两种猜测：一种认为是降水形成的，另一种认为是冰川和冻土融化形成的。如果来自降水，那说明这一带的生态状况良好；但如果来自冰川冻土，就说明生态正在恶化。一个小湖泊，其背后的成因可好可坏。”也许你要问，为何冻土融化就表明生态恶化了呢？因为其地表有大面积冻土，它们起到了涵养水源的作用。一旦冻土融化，其涵养水源的作用便会消失，水分蒸发，土壤沙化，从而导致该地区整个生态系统的崩溃。

## 神奇山崖因何能生蛋

山崖居然也会生蛋，听到这个消息，你肯定不相信，但是在贵州，真有一座生蛋的山崖，难道这些蛋是恐龙蛋的化石吗?

贵州省三都县有一座登赶山，这座山特别奇怪，满山都长满了绿树杂草，而唯独山腰上裸露出一块崖壁，更奇怪的是，这块崖壁每隔 30 年就会自动掉落出一些石蛋，因此当地人都习惯把它叫做产蛋崖。产蛋崖，长 20 多米，高 6 米，表面极不平整，在高处，几块巨大而尖利的岩石横亘着，极为险峻。而石蛋就在相对凹进去的崖壁上安静地孕育着。有的刚刚露头，有的已经生出了一半，有的已经发育成熟眼看就要与山体分离。

姑鲁寨是三都县典型的一个水族村寨，自从 1000 多年前水族的一支迁入黔南至今，这个村寨也已历经了千年的风雨。水族人房子一样、衣着一样、生活方式都一样，而唯独姑鲁寨还有一个其他水族村寨所没有的特点，就是各家各户几乎都收藏着从产蛋崖上生出来的石蛋。

整个姑鲁寨虽然只有二十几户人家，但现今为止全村却一共保存着 68 颗石蛋。

贵州省地质矿产勘查开发局的总工程师王尚彦博士，看到石蛋照片马上就有了联想。“从它的形态来看，它绝大部分都是圆形和椭圆形的，而且颜色有一些淡黄色的，就很像恐龙蛋。”王尚彦说。王尚彦立刻把石蛋和以前发现的恐龙蛋化石进行比较，他发现：产蛋崖的石蛋平均直径30厘米，但也有大有小，这和1995年广东河源发现的恐龙蛋化石相比，不论形状和大小均十分相似；另外，石蛋虽然没有蛋壳结构，但长期风化裸露出的纹理和恐龙蛋化石相比，仍然有很多相似特征。如果这些石蛋真的是恐龙蛋，那么还有一个更大的疑点将无法解释——贵州的地质年代属于三叠纪，而恐龙的出现要比三叠纪晚五千万年！因此恐龙蛋怎么可能会早于恐龙而在三叠纪的地层里被发现呢？

为了认定这些石蛋的性质，只有进行实地考察，一切才能水落石出。王尚彦马上召集同伴出发，一到三都县，他们就即刻赶往登赶山，此时夜幕已经降临。经过一个晚上的休整，第二天，王尚彦和他的同伴们一早就爬上了产蛋崖，在这里石蛋盗挖现象非常严重。看完石蛋，王尚彦解释说：“一般恐龙蛋的形状大多是纺锤状的，并且应该有一个外壳，而这个石蛋没有外壳，作为恐龙蛋除了壳之外，里面的结构就是和鸡蛋一样有蛋清和蛋黄，那么它的里面肯定是不均匀的团块，而我们看到的这个岩石，显然它里面的这个结构是比较均一的。”石蛋竟然不是恐龙蛋！那它又会是什么呢？

然而经过分析测定，王尚彦发现石蛋所形成的地质年代寒武纪，到现在已经有5亿年的历史了。此外，他还发现产蛋崖上的石壁是由一种泥岩构成，而石蛋竟然是一种在很多地方都常见的灰岩结构。如此常见的灰岩构成的石蛋究竟又是如何跑到5亿年前的寒武纪石头里去的呢？

5亿年前的寒武纪，贵州三都还是一片深海，在特定化学作用下它们渐渐凝聚在一起形成结核，经过上层沉积物的不断压实，软泥和结核都变成了埋藏于深海地下的岩石，软泥成了泥岩，而结核成了石蛋，经过亿万年的地质运动，它们最后就暴露于地表。

当石蛋形成并暴露于地表后，由于差异风化，泥岩构成的崖壁风化速度快，而结核形成的石蛋风化速度慢，当泥岩层层风化剥落石蛋就慢慢孕育而出。由于泥岩和石蛋的风化速度大约相差30年，所以每过30年左右石蛋在重力作用下就自动脱落滚落到山脚，这就是贵州三都县的产蛋崖千年石生蛋的真正秘密。

# 南极的暖水湖之谜

南极是地球上最冷的地方，素有“冰雪大陆”之称，但让人不可思议的是，那里还有一个暖水湖。

南极大陆维多利亚地区附近的干谷地区终年不降雪，也没有冰川。更令人称奇的是，那里的范达湖竟是一个暖水湖：在68.6米深的湖底部，水温高达27℃。探险家们发现，在南极大陆共有20多个湖泊，不仅终年不冻，有的虽然湖面上有一层冰冻，但湖水温暖。

科学家研究发现，南极湖泊有3种类型：一类是湖面冰冻，冰下是液态水；另一类是湖面季节性冰冻，夏季湖面解冻，液态水露出湖面；还有一类即使是寒冬湖面水也不冻。最为奇特的就是范达湖，尽管湖表面有冰层，但随着深度增加，湖水温度迅速升高，直到湖底水温接近27℃。

为什么在冰天雪地的南极大陆还会有暖水湖呢？对此，科学家们提出了各种看法。

第一种观点认为，可能有一股来自地壳的岩浆流烤热了湖底的岩层，提高了湖底水的温度。但是，1973年11月，科学家们在范达湖进行了钻探，钻头穿过湖面冰层、水层，钻入湖底岩层，取了岩心，结果发现湖底水很暖，但湖底岩层却很冷。这也证明了湖底的岩层并没有被烤热。

第二种观点认为，可能湖里存在某种特殊化学物质在反应放热，但至今也没找到这种物质。

第三种观点认为范达湖的温水是受海底温泉加热而成的，可是至今也没有找到热泉。

第四种观点认为范达湖湖水可能是被太阳晒热的。因为范达湖湖水清澈，湖面冰层没有积雪，太阳的短波辐射可以穿过冰层和水层，到达湖底，暖热了水温。同时湖面冰层，又能像棉被那样挡住湖水热量的散发，所以湖底的水可以保持这样高的温度。但是，一些学者提出，较暖的表层湖水通过对流，必然把热量传给周围湖水，结果应该是整个湖水都变暖。另外，在南极半年的极夜期，为什么能保持这样高的水温，而在另半年的极昼时期，它的水温并没有无限制地升高呢？

目前，南极温水湖的成因，仍有待科学家们作进一步的考察和研究。

## 沉没的亚特兰特提斯岛

在北纬 30 度线上，有一个传说中一夜间沉没于海中的世界第五大陆——大西洲，也就是亚特兰特提斯岛。

公元前 350 年，柏拉图在两篇著名的对话集《泰密阿斯》和《克利斯提阿》中详细记述了兰特兰特提斯的故事。传说在 12000 年以前，离直布罗陀海峡不远，在美洲、欧洲和非洲之间浩瀚的大西洋中曾存在过一个神秘的大陆，也就是大西洲。其面积有2000多万平方公里，岛上有宫殿和供奉守护神波塞冬的壮丽神殿，所有建筑物都以当地开凿的白、黑、红色的石头建造，美丽壮观。首都波塞多尼亚的四周建有双层环状陆地和三层环状运河。在两处环状的陆地上还有冷泉和温泉，除此之外，岛上还建有造船厂、赛马场、兵舍、体育馆和公园等。国家经济繁荣，国富民强。可是好景不长，有一天，在一次特大地震和洪水中，整个大西洲沉没海底，消失于滚滚波涛之中，踪影全无。

于是，大西洲存在何时、为何消失、位于何处等一系列问题便成了人们颇为关心的事情。

有的学者提出，在大西洋中部可能的确存在过一个幅员辽阔的大洲，亚速尔群岛、威德角群岛和马黛拉岛这些大西洋上的岛屿，也许就是大西洲仅存的陆地。

19世纪末，被誉为"科学性的亚特兰特提斯学之父"的美国学者德奈利出版了他的研究成果《亚特兰特提斯——太古的世界》。在书中，德奈利运用考古、语言、人种、地质、植物和动物等方面的知识对大西洋进行综合考察，提出了有关该岛的13个纲领性成果。

（1）远古时代大西洋中的确有大型岛屿，那是大西洋大陆的一部分。

（2）柏拉图所记述亚特兰特提斯的故事是真实的。

（3）亚特兰特提斯是人类脱离原始生活、形成文明的最初之地。

（4）随着时代的演变，人口渐增，人们迁居世界各地。

（5）所谓伊甸园就是指亚特兰特提斯。

（6）古代希腊及北欧的神是亚特兰特提斯的国王、女王及英雄。

（7）埃及和秘鲁的神话中，有亚持兰特提斯崇拜太阳神的遗迹。

（8）亚特兰特提斯人最古老的殖民地是埃及。

（9）欧洲的青铜器技术源自亚特兰特提斯。

（10）字母的原形源自亚特兰特提斯。

（11）亚特兰特提斯是塞姆族、印度、欧洲诸族的祖先。

（12）亚特兰特提斯因大变动而沉没于海中。

（13）少数居民乘船逃离，留下了关于洪水的传说。

20 世纪中期，美国学者范伦坦博士在巴哈马群岛附近的海床发现，那里有着许多巨大的各种形态的几何图形结构和长达好几百里地的线条。又过了 10 年，他在同一地区的海底又发现了长达几百公里的城墙，此墙由每块 16 立方米的大石块砌成，他还发现了几个码头和一座栈桥，这显然是沉没了的港口旧址。一时间，大西洲似乎要重现于世了，探险家们纷纷来到巴哈马群岛的这片海域，海底的石墙和码头引起了人们对失落了的大陆的种种猜测和遥想。但这些说法很快又被海洋学学者推翻了。

一些学者认为，沉睡在亚速尔群岛海底的亚速尔高原在古代曾是一块陆地，它的形状与大小同柏拉图记述的大西洲相似。20 世纪 70 年代，苏联海洋考察船在直布罗陀海峡以西 300 海里的地方发现了一座海底城市，许多人认为这是大西洲的城市遗址。近年来，还有人在海地和古巴等地沿岸海底发现了一些金字塔及其建筑遗址，进而认为加勒比海正是大西洲大陆的所在。

目前，多数考古学家倾向于认为地处地中海东部水域的克里特岛，更为接近大西洲的历史地理条件。19 世纪 70 年代，德国考古学家谢里曼在希腊的伯罗奔尼撒半岛东北部发掘出了迈锡尼遗址，35 年后，英国考古学家伊文思又在克里特岛上发掘出更早的米诺斯文明遗址。考古学上的这两大发现轰动了世界，人们不约而同地将它们与“失踪”的大西洲联系起来。许多学者认为，现存的克里特岛只是大西洲岛国的残余部分，因为克里特曾是欧洲古代文明的发祥地。

到目前为止，亚特兰特提斯岛还有无数的未解之谜等待着我们去解开。

# “幽灵岛”之谜

19世纪30年代的一天，一艘意大利船途经西西里岛附近，船长突然发现东经12°42′15″、北纬37°1′30″的海面上海水沸腾，喷涌起一股直径大约200米、高20多米的水柱。刹那，水柱变成了一团500多米高的烟柱，并在海面上扩散开来。8天后，这位船长再次经过这一海域时，发现一个从未见过的小岛出现在海面上，中央部位仍在喷出巨大的蒸气柱和碎屑物质，周围海面上漂浮着大量红褐色石块和死去的鱼。

小岛在随后的10多天里不断扩张，周长扩展到4.8公里，高度也长到了60多米。许多科学家冒着灼热的蒸气上岛考察，他们发现岛上只有浮石、火山渣和纺锤形的火山弹等物质，没有动植物，也没有贝壳和海藻。随后，英、法、德等国先后派专家前去研究勘查，并争先恐后地为小岛命名。

正当人们忙于为这座小岛测量、命名，将它画入海图，并确定其军事及民用价值时，它却慢慢缩小了87.5%左右，又过了两个月，小岛在海面上消失得无影无踪了。

此后100多年里，小岛一再出现和消失，最后一次浮到海面上来的时间大约是在20世纪中期。这种时隐时现的小岛究竟是从何而来，又因何而去呢?

多数地质学家把小岛的成因归结于海底火山喷发作用。在海洋的底部，有许多活火山。当这些火山喷发时，喷出来的碎屑物质和熔岩在海底冷却、凝固、堆积起来，随着喷发物质不断增多，堆积物多到高出海面的时候，就生成了一个新的岛屿。

至于小岛的消失，有的学者归因于火山岩浆喷出形成的熔岩未能形成与海底基岩坚固连接的基底，新岛屿抵抗不了海流的不断冲刷从而自根部折断，最后消失了。有的学者归因于岛屿形成后，再发生的一次海底猛烈爆炸摧毁了小岛。还有学者认为是火山活动造成同一地点地壳下沉，于是小岛陷落了……这个像幽灵一样的岛屿就这样引发着无数学者的争论和探讨。

# 危害巨大的海洋灾害

海洋灾害直接影响到国家的社会安定、经济安全和沿岸人民的生命财产。因此，我们有必要让大家了解与我国沿海城市的经济建设和人民生活息息相关的几种主要海洋灾害。

## 外来物种入侵

伴随着人们的经济活动和国际交往，一些物种由原生存地借助人为力量或其他途径移居到另一个新的生存环境，并在新的栖息地繁殖建立稳定种群，这些物种被称为外来物种。随着我国海洋运输业的发展、国际贸易的日趋频繁，我国海洋外来物种数量越来越多，对我国的海洋生物多样性和海洋生态系统的平衡及安全带来严重影响。以养殖生物为例，鲍、牡蛎、扇贝、对虾、鱼类、藻类等大量从国外引入亲体，甚至新物种，在养殖过程中由于各种方式导致养殖对象进入自然海域，不仅与当地土著生物争夺生存空间、饵料，并且传播疾病，与土著生物杂交，导致遗传污染，降低土著生物的生存能力，导致土著生物自然群体降低，甚至濒于灭绝。

## 赤潮

赤潮是指海洋中某些微小的浮游藻类、原生动物或细菌，在一定的环境条件下暴发性繁殖或集聚而引起水体变色的一种有害的生态异常现象。它是一种常见的海洋灾害，对生态平衡和渔业环境产生极大破坏，危害渔业和养殖业，有毒赤潮还能通过食物链转移造成人畜中毒死亡。从总体上讲，近几十年来我国沿海赤潮灾害日益频繁。造成我国近海赤潮发生频率越来越高、规模越来越大、持续时间越来越长的根本原因在于陆源污染物的大量排放、船舶排污及碰撞溢油、海上石油开采溢油增加、近岸养殖过度和近岸旅游造成环境污染等。

## 河口及海湾淤积

我国入海河流流域面积占全国面积的44.9%，多年平均入海径流量为18152.44亿立方米，占全国河川总径流量的69.8%。其中黄河、长江、辽河、鸭绿江、钱塘江、闽江、珠江、韩江等主要河流，每年入海径流量为14900亿立方米，占全国河川入海径流量的82.20%。这些入海河流在为河口地区带来巨大流量的同时，也带来了巨大的泥沙，如黄河年输沙量约为12亿吨，长江年输沙量约为5亿吨，这些泥沙堆积在河口地区形成了巨大的拦门沙和水下三角洲。因此，位于河口区的规模较大的港口城市就面临着一个“双刃剑”，既有便利的港航条件，又要为保持这个优势付出大量的维护费用。以长江口为例，每年仅投入到长江口航道清淤的经费就达数亿元。

## 海浪

海上引起灾害的海浪，一般是指波高为6米以上的海浪，它是在台风、温带气旋、寒潮的强风作用下形成的。据测量，近岸浪对海岸的压力，可达到每平方米30—50吨，这对海岸工程、沿岸设施的破坏是毁灭性的，有时海浪还会携带大量泥沙进入海港、航道，造成淤塞等灾害。邻近的渤海、黄海、东海、南海及巴士海峡区域，每年大约有150天处于狂风恶浪的困扰当中，使这里成为世界上最不“平静”的海洋区域之一。

## 海雾

海雾由海面低层大气中水雾凝结所致，通常呈乳白色，产生时常使海面能见度降到1000米以下。海雾是一种危害性很大的海洋灾害，首先，无论在海上还是在海岸带地区，海雾都因其大大降低能见度而对交通运输、渔业捕捞和养殖、海上油气勘探开发以及军事活动等造成不利影响；其次，雾气会极大地减少日照时间，因此造成的低温高湿会对农作物生长造成很大危害；最后，雾水中的盐分对建筑物的腐蚀也是不可忽视的。在全部因海洋和气象原因造成的海难事故中，因海上能见度低而造成的船舶海难事故，占有相当的比例。

## 海冰

海冰是由海水冻结而成的咸水冰，但也包括流入海洋的河冰和冰山等。海冰灾害是极地海域和某些高纬度海域最突出的海洋灾害之一，主要表现为：推倒海上石油平台，破坏海洋工程设施、航道设施，或撞坏船舶造成重大海难；阻碍船舶航行，破坏螺旋桨或船体，使之失去航行能力；海冰封锁港湾，使港口不能正常使用或大量增加使用破冰船破冰引航的费用；使渔业休渔期过长和破坏海水养殖设施、场地等，造成经济损失。

## 海水入侵

在沿海地区，由于大量开采地下水导致地下水位大幅度下降，海水侵入沿海含水层并逐渐向内陆渗透，这种现象被称为海水入侵。海水入侵的直接后果是地下淡水受到海水的污染、沿岸土地盐碱化、水源受到破坏、沿海建筑物受损等。

## 沿海地面下沉

地面沉降是指某一区域内由于开采地下水或其他地下流体，导致地表浅部松散沉积物压实或压密，引起地面海拔下降的现象，又称地面下沉或地陷，特点是波及范围广，下沉速率缓慢，不易察觉。地面沉降对建筑物、城市建设和农田水利危害极大。我国海岸带是人口、城市最集中的地区，人类活动影响最为深刻，由于人们大量开采地下水，使地下水位下降，产生地下漏斗，造成地面下沉。另外，众多的高层建筑，也增加了地面承载力，加剧了地面下沉的速率。

## 海岸侵蚀

海岸侵蚀是指在自然力（包括风、浪、流、潮）的作用下，海洋泥沙支出大于输入、沉积物净损失的过程，即海水动力的冲击造成海岸线的后退和海滩的下蚀。海岸侵蚀现象在我国普遍存在，近代黄河三角洲钓口至神仙沟岸段，每年后退达350米以上。引起海岸侵蚀的原因有两种：一是由于自然原因，如河流改道或大海泥沙减少、海面上升或地面沉降、海洋动力作用增强等；二是人为原因，如拦河坝的建造，滩涂围垦，大量开采海滩沙、珊瑚礁，滥伐红树林以及不适当的海岸工程设置等，也会引起海岸侵蚀。由于海岸侵蚀使土地大量流失、沿岸构筑物遭到破坏、海滨浴场退化、海滩生态环境恶化、海岸防护压力增大，侵蚀下来的泥沙导致港湾淤积而使航道受损，从而成为一种严重的环境地质灾害。

## 海上溢油

海上溢油是指在海上作业或航行过程中发生的石油泄漏事件。石油在海洋表面上形成面积广大的油膜，阻止空气中的氧气向海水中溶解，同时石油的分解也消耗水中的溶解氧，造成海水缺氧，而且重金属和有毒有机化合物等有毒物质在海域中累积，并通过海洋生物的富集作用，对海洋动物和以此为食的其他生物造成毒害。

## 海平面上升

由于近年来温室气体的不断增加，造成全球性气温上升，导致海水受热膨胀、高山冰川融化、南极冰盖解体，造成海平面的绝对上升；并且由于人为因素导致的陆地地面沉降，又造成了海平面的相对上升。海平面上升对人类环境的危害主要表现为：首先，海平面的上升可淹没一些低洼的沿海地区，加强海洋动力因素向海滩推进，侵蚀海岸；其次，海平面的上升会使风暴潮强度加剧，频次增多，不仅危及沿海地区人民生命财产，而且还会使土地盐碱化，海水内侵，造成农业减产，破坏生态环境。

## 风暴潮

风暴潮又称“风暴海啸”、“气象海啸”、“海溢”或“大风潮”等，是指由强烈大气扰动如台风、温带气旋引起的海面异常升高现象，使受其影响的海区的潮位大大超过平常潮位。风暴潮通常可以分为台风风暴潮和温带风暴潮两种，影响我国的台风风暴潮一般分布在东海、南海、黄海南部及台湾以东的太平洋海域；温带气旋风暴潮一般分布在渤海、黄海北部。其中台风风暴潮对我国沿海地区的影响较为强烈，浙江、福建、广东、海南沿海是多发区域。

# 第二辑

## 地理科学家的故事

# 西行求法的法显

法显是我国古代为数众多的西行求法的高僧之一，但他又是少数几位称得上著名世界旅行家的人之一。

法显，俗姓龚，平阳郡武阳（山西临汾）人，生于五代十六国时期。他对佛教极为虔诚，不论是日常生活，还是出游旅行，佛教都是他的精神法宝。他历尽艰辛，周游数国完成的《佛国记》，不仅是佛教经典，也是不朽的文化遗产。这些成就的取得源于他幼年时的一段经历。

法显幼年时，三个兄弟先后夭折，父母唯恐法显也遭遇不测，在3岁时就让他剃度为沙弥，但仍住在家中。后因患病将死，将他送往寺院。病愈之后，法显就不再返回俗家。他在寺院中一边参加劳作，一边刻苦学习修行，培养了吃苦耐劳的精神和对佛教极其虔诚的感情。

有一次与同学数十人在田中割稻，遇到一伙饥民前来打劫，同学们都奔走逃命，唯有法显镇静自若，留下来向抢谷的饥民们宣传因果报应的道理，然后才安然回寺。抢谷的饥民听了法显的说教，害怕来世受苦报，也弃谷而去。这件事表现出法显为法忘身的精神，一寺僧众数百人无不感动叹服。

当沙弥期间，法显的父母相继去世。法显料理完双亲丧事，了却了尘世牵挂，更加专心致志地学习佛法，终于获授大戒，成为正式僧人。法显在长安游学期间，见到不少僧徒，仪容不整，遭到社会上的尖锐批评。这些情况使他痛心疾首，认为是佛法之累。为了佛教的顺利发展，他感到迫切需要有一套完整的戒律，用来统一僧众的行事，因而发愿前往西域、印度寻求戒律原典。

法显约同慧景、道整、慧应、慧嵬等人，由长安出发，取道河西走廊，行到张掖。适逢张掖大乱，道路不通，张掖王殷勤挽留，竭诚护持供养他，法显因而在此结夏安居。在张掖期间，一行人中又加入了智严、慧简、僧绍等人，彼此结伴，向西前进至敦煌。后经鄯善国（今新疆鄯善）、乌夷国（今新疆焉耆），与僧景、宝云等一行人相逢。法显等人得到符公孙的供给，又继续向西南方前进。一行人艰难行进了一个多月后，终于到达于阗国（今新疆和阗）。法显等人滞留在于阗国 3 个月，然后经子合国，南行入葱岭，到达麾国过夏。其后，法显等人再翻山越岭，经过 25 天，到达与印度接境的竭叉国，参加了国王所举行的五年大施会。

接着，法显等人向北印度前进，到达北印度境内的陀历国后，一行人又沿着葱岭向西南行，越印度河，到达乌苌国，然后南下，历宿呵多国、犍陀卫国、竺刹尸罗国，到弗楼沙国，期间，僧景、宝云随慧达回国，慧应在此病故。法显独自前往那竭国，与慧景、道整会合，并在这里度过严寒的冬天。

法显一行越过雪山，又先后经历三十余国，印度已在望。他们抵达印度王舍城后，打算前往城东北的灵鹫山礼拜，却遭一僧规劝："路况不佳，噬人黑狮经常出没，不可前往。"法显独自上山，并感化了黑狮。法显在印度停留期间，用心学习梵文与梵语，抄得经律等，达成印度求律的目的与愿望。停留两年之后，法显从印度返回。

不久，法显即搭乘商舶启程归国。那时在大洋中航行有两大困难：一是风浪险恶，船小，无通讯、导航设备，完全依靠观察日、月、星际辨别方向，遇到阴晦天气，只能随风飘荡，听天由命；二是在今马六甲海峡的航路上，海盗猖獗，船舶航行，多改道绕过印度尼西亚苏门答腊之南而东进。法显附载的商船，容纳了 200 多人，在当时算是大船了，为了躲避海盗抄掠，向南绕大圈子。但船行仅两日，船就漏了，备用的小船又被人砍断了绳索，大家十分恐惧，纷纷把粗笨财货抛弃海中以减轻船的负载。法显也把水瓶等物丢入海中，而把经、像视为命根子，生怕商人要他掷去经、像，一心默念观世音并归命于汉地众僧，反复祷告道："我远行求法，愿威神归流，得到所止！"小船在大风中漂流了13昼夜，到达一岛，待潮退后补好船漏处，又开始继续前进。在茫茫大海上又艰难航行了几十天，到达了耶婆提国（今印度尼西亚苏门答腊，或爪哇岛）。在此国停留5个月，换搭另一艘商人大船归国。

出发时刚好是4月，法显就在船上度夏安居。路上遇狂风暴雨，经过3个月的搏斗，始得靠岸，抵达青州长广郡（今山东崂山县北）牢山（即崂山）南岸。当时青州已在东晋的控制之下，长广郡太守李嶷敬信佛法，听说有沙弥持经、像航海而至，即派人把法显接到郡治。在李嶷和青州刺史刘道怜等人的协助下，在彭城（今徐州）度过一冬一夏后抵达东晋都城建康。

法显西游往返历时首尾15年，游历了将近30个国家。法显从长安出发时，已经是60岁左右的"耳顺"之年，一路西行，经6年到达印度中部，停留6年，归程经狮子国等地，又3年才回到青州。法显把西行求法的经历，写成《佛国记》（又称《法显传》）一书，记载求法经验、见闻及游历各国的风土民情、佛教状况等，提供后人西行求法的指南。这本书是我国僧侣西行印度传记中，现存最早的典籍。至今，《佛国记》仍是世人公认的不朽之作。

在临终前的7年多时间里，他一直紧张艰苦地进行着翻译经典的工作，共译出了经典6部63卷，计一万多言。他翻译的《摩诃僧祇律》，也叫大众律，为五大佛教戒律之一，对后来的中国佛教界产生了深远的影响。

《佛国记》全文9500多字，别名有《法显行传》、《法显传》、《历游天竺纪传》、《佛游天竺记》等。它在世界学术史上占据着重要的地位，不仅是一部传记文学的杰作，而且是一部重要的历史文献，是研究当时西域和印度历史的极重要的史料。

法显以年过花甲的高龄，完成了穿行亚洲大陆又经南洋海路归国的惊人壮举，他留下的杰作《佛国记》，不仅在佛教界受到称誉，而且也得到了中外学者的高度评价。

# 卓越的地理学家郦道元

郦道元是我国北魏一位卓越的地理学家，而他的著作《水经注》则是当时最杰出的地理著作。

郦道元从少年时代起就有志于地理学的研究。他喜欢游览祖国的河流、山川，尤其喜欢研究各地的水文地理、自然风貌。他充分利用在各地做官的机会进行实地考察，足迹遍及今河北、河南、山东、山西、安徽、江苏、内蒙等广大地区，调查当地的地理、历史和风土人情等，掌握了大量的第一手资料。

他每到一个地方，都要游览名胜古迹、山川河流，悉心勘察水流地势，并访问当地长者，了解古今水道的变迁情况及河流的渊源所在、流经地区等。同时，他还利用业余时间阅读了大量古代地理学著作，如《山海经》、《禹贡》、《禹本纪》、《周礼职方》、《汉书·地理志》、《水经》等，积累了丰富的地理学知识，为他的地理学研究和著述打下了基础。他读书非常严肃、认真，对书中的记载力求弄懂、弄通，对各书中记述同一地方而有出入的问题，更是努力探究其原因。大量地读书，使他具有渊博的学识，并使他成为当时有名的学者。

他写了不少著作，都流行于世，可惜后来大都亡佚了。在阅读学习的过程中，他研读了古代的地理书——《水经》，《水经》写于三国时期，是一部专门研究河流水道的书籍，共记述全国主要河流137条。原文一万多字，文字相当简略，没有把水道的来龙去脉和详细情况说清楚。郦道元认为，应该在对现有地理情况考察的基础上，印证古籍，然后把经常变化的地理面貌尽量详细、准确地记载下来。在这种思想指导下，郦道元决心为《水经》作注。

为了写《水经注》，他阅读有关书籍达四百多种，查阅了所有地图，研究了大量文物资料，还亲自到实地考察，核实书上的记载。那时候，交通不便，路途险峻，但他不畏艰难，跋山涉水，考察各地的山水草木和岩洞、土质等。书中记述了各条河流的发源与流向，各流域的自然地理和经济地理状况，以及火山、温泉、水利工程等。郦道元虽然只是活动在北魏政权统治的区域之内，但他的著作并没有受政权和地域的限制，他的视野远远地超出了北魏政权统治的范围。

在《水经注》中，郦道元所记述的内容包括了全国各地的地理情况，还记述了一些国外的地理情况，其涉及地域东北至朝鲜的坝水（今大同江），南到扶南（今越南和柬埔寨），西南到印度新头河（今印度河），西至安息（今伊朗）、西海（咸海），北到流沙（今蒙古沙漠）。可以说，《水经注》是北魏以前中国及其周围地区地理学的总结。

《水经注》在写作体例上，不同于《禹贡》和《汉书·地理志》。它以水道为纲，详细记述各地的地理概况，开创了古代综合地理著作的一种新形式?《水经注》涉及的范围十分广泛。从地域上讲，郦道元虽然生活在南北朝对峙时期，但是他并没有把眼光局限于北魏所统治的一隅，而是抓住河流水道这一自然现象，对地理情况作了详细记载。从内容上讲，书中不仅详述了每条河流的水文情况，而且把每条河流流域内的其他自然现象，如地质、地貌、土壤、气候、物产民俗、城邑兴衰、历史古迹以及神话传说等综合起来，做了全面描述。因此《水经注》是6世纪前我国第一部全面、系统的综合性地理著述。对于研究我国古代历史和地理具有重要的参考价值。

郦道元为官清廉，执法严明，因此遭到朝廷权贵的忌恨，他们怂恿朝廷派郦道元到发生叛乱的地方当关右大使。在赴任途中，郦道元和他的弟弟及两个儿子一起，被叛将萧宝夤杀害。尽管他过早地逝世，但是却给我们留下了一部极其伟大的著作。

《水经注》是我们不可多得的珍贵的历史地理文献。《水经注》中的内容，除郦道元亲身考察所得到的资料外，还引用了大量的历史文献和资料，其中引用前人的著作达437种之多，还有不少汉、魏时代的碑刻材料。这些书籍和碑刻，后来在历史的变迁中大都已经散佚了，幸而有郦道元的引用转录，才尚存一斑，使我们能够知道这些书籍和碑刻的部分内容。这是我们研究我国文明发展历史的极其宝贵的资料。

## 矿物岩石学家杜绾

杜绾，我国著名矿物岩石学家，他编写的《云林石谱》是宋代内容最丰富的石谱。

杜绾字季阳，号云林居士，北宋山阴（今浙江绍兴）人。他出生在官僚世家，祖父和父亲都在京城当官。北宋士大夫好石成风，文人学士竞相寻求好的砚石，特别是以宋徽宗赵佶为代表的上层统治集团，日趋腐败，搜取珍玩。杜绾的家庭环境，使他有条件接触全国各地的奇异珍宝和怪石。政和七年，朝廷动用成千上万的人力、财力，把一些外表姿态美观的石头如灵璧石、太湖石等运到京城，为修建万岁山备用。统治者对各种怪石的追求，引起了当时知识分子的注意，他们中的某些人，不仅爱石、玩石，而且为各种石头写谱，描述它们的产地、性状，出现了一批《砚谱》和《石谱》。其中，最突出的代表是杜绾的《云林石谱》，里面所记载的石头不局限于砚石或“假山清玩”，而是着眼于全国各地有代表性的石头的性状描述。这种做法和写法，大大提高了《云林石谱》的科学价值。

《云林石谱》是我国古代最完整、最丰富的一部石谱，约 14000 余字、描述的石头有 116 种，详略不等地叙述其产地、采取方法、形状、颜色、质地优劣、敲击时发出的声音、坚硬程度、纹理、光泽、晶形、透明度、吸湿性、用途等。书中记载的石头产地范围甚广，达到 82 个州、府、军、县和地区。

《云林石谱》的科学价值，突出地表现在它对矿物、岩石的性状描述上。如菩萨石即水晶，为透明的石英晶体。当阳光通过晶体时，会发生色散，形成“五色圆光”。杜绾对石头颜色的描述很多，有白色、青色、灰色、黑色、黄色、绿色等。另外，还有颜色深浅的区别，如深绿、浅绿、青绿、微青、微灰黑等。他还看到了石头经过风化之后会产生颜色变化，他对石头的声音也很注意，常用东西敲击石头。杜绾对于石头的坚硬程度，描述相当精细。他用甚软、稍软、稍坚、不甚坚、坚、颇坚、甚坚、不容斧凿 8 个等级区别石头硬度，非常精细、科学。杜绾还注意到了石头表面的粗细程度，阐明了奇形怪状石头的成因。他还记载了当时人们利用风水冲激来加工太湖石的技术，介绍了各种岩石的用途和当时工人加工石材的方法。杜绾对化石的认识有相当高的水平，不仅记载了鱼化石和海洋腕足动物壳体化石——石燕，而且阐明了鱼化石的成因，用实验澄清了传说中石燕会飞的误解。这些观点在中国古代地质学史上占有重要的地位。

# 博学多才的沈括

我国北宋时代，有一位博学多才、成就显著的科学家，他就是沈括。

沈括精通天文、数学、物理学、化学、生物学、地理学、农学和医学，他还是卓越的工程师、出色的军事家、外交家和政治家。同时，他博学善文，对方志律历、音乐、医药、卜算等无所不精。他晚年所著的《梦溪笔谈》详细记载了劳动人民在科学技术方面的卓越贡献和他自己的研究成果，反映了我国古代特别是北宋时期自然科学达到的辉煌成就。《梦溪笔谈》不仅是我国古代的学术宝库，而且在世界文化史上也有重要的地位。

沈括，字存中，生于浙江钱塘（今浙江杭州市）一个官僚家庭。他的父亲沈周（字望之）曾在泉州、开封、江宁做过地方官。母亲许氏，是一个有文化教养的妇女。沈括自幼勤奋好读，在母亲的指导下，14 岁就读完了家中的藏书。后来他跟随父亲到过福建泉州、江苏润州（今镇江）、四川简州（今简阳）和京城开封等地，有机会接触社会，对当时人民的生活和生产情况有所了解，增长了不少见闻，也显示出了超人的才智。他从 24 岁起，开始做官，游历了很多地方。33 岁那年，他中了进士，不久又调到京城昭文馆编校图书。他在馆中读了大量藏书，学识更加长进了。

沈括爱好数学和天文学，对天文历法很有研究。宋朝政府派他到司天监做官。司天监是观测天象、制定历法的机构，当时，有个平民出身的天文学家，叫卫朴，他有着丰富的实践经验。沈括破格把他推荐到司天监工作。为了观测天象，沈括又改制了许多天文仪器。经过他的大力整顿，司天监气象一新。

后来，沈括又积极参加王安石的变法运动。朝廷派他到各地去视察，他不断提出建议，为推行新法出了不少力。

辽国派使臣肖禧来到北宋东京，硬说原来属于北宋的黄嵬山（在今山西原平西南）一带30里的地方应该属于辽国，宋神宗派沈括去谈判。沈括先到枢密院查阅档案，把过去双方议定的边界文书查得一清二楚，并画出边境地图，驳斥了辽国的无理要求。之后他又受宋神宗之命出使辽国，跟辽国做进一步交涉。在辽国京城上京（在今内蒙古巴林左旗），双方会谈了6次，沈括据理力争，拒不退让，辽国无计可施，只得放弃了原来的无理要求。

沈括回国的时候，详细调查了沿路的地理情况、山川道路和风土人情，写成一部《使契丹图抄》。他回到京城，进呈给宋神宗。宋神宗提升他为翰林学士。

沈括是位博学多才的科学家。他只要一有机会，就结合实际进行科学研究，58岁那年，他定居润州（今江苏镇江），集中精力从事科学研究和写作。他在自己的住处梦溪园，写了一部有名的科学著作《梦溪笔谈》。《梦溪笔谈》简称《笔谈》，内容包括天文、历法、数学、物理、化学、生物、地理、地质、医学、历史、考古、文学、音乐和绘画等许多方面，范围非常广泛。而且，沈括对指南针的使用作了多种实验，并且把实验的方法记在《笔谈》中，成为研究我国古代指南针的珍贵资料。在研究中，他发现了指南针所指的方向不是正南而是稍微偏东。这种现象，在物理学中叫做磁偏角。这是世界上最早发现地磁偏角的记录．比欧洲哥伦布的发现早了400多年。

沈括关于水流侵蚀冲积作用的论述，在世界上也是最早的，比西方学者早700年。有一次，他到河北去，经过太行山，见山壁中间有一条螺蚌壳和卵石组成的带状堆积层。他研究后断定说："这是古时的海边，现在东面离开大海已有千里之远了。"他又进一步推论说："所谓大陆，都是浊流冲积而成的。"沈括所说的大陆，主要是指太行山以东的河北平原。他认为河北平原是由黄河等浊流冲积而成的。

他还是世界上最早使用"石油"这一概念、并对石油的用途有所认识的人。有一年他来到陕西北部，发现那里地下蕴藏着丰富的石油，当地人称为"脂水"，用来烧烟制墨。他预言说："这东西将来一定大行于世。"这些论述，现在都已经被证实了。

《笔谈》中还记载了劳动人民的很多创造发明。其中最有名的，要数毕昇的活字印刷术。

沈括是我国历史上一位重要的地理学家，他学识渊博，造诣很深。他写的《梦溪笔谈》一书，已成为世界科技史上一部杰出的著作，受到中外科学家的高度评价，被誉为"中国科学史上的坐标"。

## 治学严谨的朱思本

朱思本，元代临川人。我国著名的地理学家，他创作的《舆地图》是我国制图史上的杰作。

朱思本早年在贵溪龙虎山学道。对古文、地理深有研究。他根据考察记录，结合《水经注》、《通典》、《元和郡县志》、《元丰九域志》、《大元一统志》等有关地理方面的历史资料，前后花了10年的时间，劳心瘁力，历尽艰苦，绘成极有科学价值的《舆地图》。其图标位、计程都相当精确，为前人所未及。

从14世纪初起，朱思本开始了长达10年之久的考察活动。他周游各地，名义上是代天子祭祀名山大川，但同时也负有中朝大夫“每嘱以质诸藩府，博采群言，随地为图”的任务。这一任务正与他试图重绘新图以纠正前人地图的错误的想法相合。经过10年的努力，他终于绘成长宽各七尺的大地图《舆地图》，后刻石于上清之三华院。可惜此图已失传，幸明代罗洪先所绘《广舆图》还保存了此图的概貌。

《舆地图》除总图外，还有16幅分省图、16幅边区图、3幅黄河图、3幅大运河图、2幅海路图、4幅朝鲜、安南、蒙古和中亚地区的地图。而且另有证据表明，朱思本已经知道非洲的形状像个三角形，而且尖端指向南方。

为了完成《舆地图》这一艰巨任务，朱思本在实地考察、搜集资料、制图方法等方面都付出了大量的心血。通过实地考察，对前人所作进行核对，他发现“前人所作，殊多乖谬”，因而进一步增强了他重新绘制地图的决心。另外，朱思本善于从前人的著作中吸取有价值的成果。而且，朱思本不满足于汉文资料的搜集，例如，为了弄清黄河河源及其流向里程，“从八里吉思家得帝师所藏梵字图书，而以华文译之，与潘昂霄所志（即《河源志》），互有详略”（《元史·地理志》）。朱思本也是一位精通藏文的翻译家。

我国地图制作的画方之法，始于魏晋。地图学家裴秀创造了“制图六体”法：即“分率”（比例缩尺）、“准望”（方位）、“道里”（实际里数）、“高下”、“方邪”、“迂直”（即地貌地形与实际里数的关系）。裴秀的《禹贡地域图》，“以一分为十里，一寸为百里，备载名山都邑，王者可不下堂而知四方也”（《北堂书钞》卷九六）。裴秀是以里为单位绘制地图的，此法到唐贞元年间得到贾耽的重新提倡。而朱思本在《舆地图自序》中提到的《禹迹图》，根据图中的唐代地名和绘图情况来判断，很可能是据贾耽《海内华夷图》中的禹贡九州部分绘成的，所用的画方绘法注明“每方折地百里”。可见计里画方法并未中断。朱思本在裴秀、贾耽的基础上重振此绘图法，所绘《舆地图》比前代更为精细详尽，对计里画方的精确度要求更高。

明嘉靖年间地理学家罗洪先有志重绘天下舆图，经过反复比较之后，发现朱思本《舆地图》是他见到的地图中最正确、最可靠的，于是以此图为基础，加以增补扩大，名为《广舆图》。

朱思本对自己的《舆地图》作了实事求是的评价。他虽然周游了全国许多地方，但实际上也只是到今天的华北、华东、中南地区，在当时的条件下，他不可能走遍西北、东北、西南各边远地区。所以对自己考察过的地方，他满有把握地说：“其间河山绣错，城连径属，旁通正出，布置曲折，靡不精到。”对自己没有去过的“涨海之东南，沙漠之西北，言之者既不能详，详者又未必可信”。这种科学态度堪称我国古代科学家的典范。

14 世纪 20 年代，朱思本离开大都到江西玉隆宫。道人吴全节召朱思本去大都，显然有意让他成为自己的接班人。但朱思本仍然无意追求高官显位，数年后重返江西玉隆宫，在那里过着隐居生活。

朱思本严谨治学，成就卓著，是我国古代一位杰出的地理学家，他的《舆地图》开辟了中国地理史上的新时代。他对科学严谨的态度，实事求是的精神成为后人学习的榜样。

# 热衷探险的徐霞客

徐霞客名弘祖，字振声，霞客是他的号，他是我国著名的地理学家和探险家。

徐霞客出生在江苏省江阴县，他的祖上曾经做过官。徐霞客从小就对四书五经不感兴趣，他喜欢读地理、历史和游历探险方面的书，向往“问奇于名山大川”的生活。正因如此，他克服万难，把毕生的心血献给了旅游与地理考察事业。

参加科举考试失败后，徐霞客便决定不再走考试做官的道路，决心进行自己感兴趣的地理考察事业。这意味着毕生要与当时流行的社会风习决裂，在当时的社会里，这样做是需要勇气和胆识的，除此以外，还要承受一些守旧的人的讥笑和指责。但徐霞客坚定地这样做了，他的家庭，特别是他的母亲有力地支持了他，她说：“志在四方，男子事也……哪能让儿子像篱笆中的鸡、车辕下的马，被困着呢?”

放弃了科举，徐霞客开始潜心攻读古人留下的地理知识。在攻读中，他发现前人著述的内容，很多是历代沿袭、转抄自较早的地理学著作，很少有人进行实地的考察，因而，有的地理著作记述错了，也被照抄照搬，前代的人错了，后代的人也跟着错。他对前人著作中的不少问题，提出了大胆的怀疑。为了搞清祖国河山的真实面貌，徐霞客决定亲身进行实地考察。

从22岁起，徐霞客开始了游历考察生涯。游历考察过程中，他曾经3次遭遇强盗，4次绝粮，徐霞客仍顽强地向前走去。没有粮食了，他就用身上带的绸巾去换几竹筒米；没有旅费了，就用身上穿的夹衣、袜子、裤子去换几个钱……重重的困难被他踩在脚下，他终于到达了自己的目的地。更为可贵的是，徐霞客在野外考察生活中，每天不管多么劳累，都要把当天的经历和观察记录下来。他先后写了2000多万字的游记，为后人留下了珍贵的地理考察记录。

徐霞客通过亲身的考察，以无可辩驳的事实材料，论证了金沙江是长江的正源，否定了被人们奉为经典的《禹贡》中关于“岷山导江”的说法。同时，他还辨明了左江、右江、大盈江、澜沧江等许多水道的源流，纠正了《大明一统志》中有关这些水道记载的混乱和错误。他认真地观察河水流经地带的地形情况，看到了水流对所经地带的侵蚀作用，并认识到在河岸凹处的侵蚀作用尤其厉害。他还注意到植物与环境的关系，观察在不同的地形、气温、风速条件下，植物生态和种属的不同情况，认识到地面高度和地球纬度对气候和生态的影响。对温泉、地下水等，徐霞客也都有一定的科学认识。

在徐霞客对地理学的一系列贡献中，最突出的是他对石灰岩地貌的考察。他是我国也是世界上最早对石灰岩地貌进行系统考察的地理学家。欧洲人中，最早对石灰岩地貌进行广泛考察和描述的是爱士培尔，时间是公元1774年；而最早对石灰岩地貌进行系统分类的是罗曼，时间是公元1858年。他们比徐霞客晚了一二百年。

从徐霞客的游记中可以看出，他已经明确地认识到形成石灰岩奇异地貌的重要原因。由于发育的时期不同，而形成不同的地区差异，如桂林、阳朔一带，因为缺乏风化物质，无土壤覆盖，形成的是石峰峻峭、各自矗立、争奇斗胜的地貌；而柳州西北一带则不同，它是土石间出，土山迤逦（曲折连绵），忽石峰数十，似锥处囊中一般。用现代地质学的术语说，桂林、阳朔一带体现的是石灰岩地貌发育最盛时期的特征，柳州西北一带体现的则是处于石灰岩地貌发育晚期的情况。可见，徐霞客的观察是很准确精细的，他的分类与现代地质学的分类基本一致。

然而徐霞客并非一位纯粹的自然科学家，也仅非一位寄情山水的浪漫旅人，他还是一位热烈的爱国主义者，所以他对边疆少数民族地区的政治、经济、社会、文化同样倾注了极大的关注。在他的笔下，大自然中雨、雾、晴、晦的千变万化，山、水、树、岩的千姿百态，仿佛使我们也随着徐霞客的足迹，跋涉奇峰峻岩、急流险滩，置身于祖国的每一处秀丽山河之中，为之陶醉，为之骄傲，心中油然升起对祖国的无限深情。徐霞客沿途看到土司横行霸道，人民颠沛流离，田园荒芜，交通阻塞，州县残破，便发自内心痛恨明代腐朽糜烂的土司制度，坚决主张“改土归流”，维护国家的统一。

怀着对云南的眷恋之情，徐霞客踏上归途，丽江土官木增派滑竿护送他，辗转半年，“至楚江困甚”，经湖北黄冈乘船回到家乡。“既归，不能肃客，唯置怪石于榻前，摩挲相对，不问家事”。半年后徐霞客即与世长辞。他是为旅游和地理考察而献身的，我们永远怀念他。

徐霞客是一位伟大的地理学家，他为我国的地理事业作出了重大的贡献。他的一生，是积极探索的一生，是执著奋进的一生。他穷尽一生心血所作的《徐霞客游记》不仅是一本杰出的地理著作，也是一部优秀的文学作品。

# 中国近现代地理学奠基人张相文

张相文，一生从事地理学的教学、研究和著述工作，创建了我国第一个地理学术团体——“中国地学会”和第一种地理学术期刊——《地学杂志》，推动我国地理学发展达二三十年之久，是中国近现代地理学从启蒙到发展的关键人物之一。

张相文为人正直无私、刚正不阿，是一位品德高尚的地理学家。清末中日甲午海战后，清政府割地赔款等黑暗社会现实激励着当时的有志青年力图改变国家命运，那些爱国人士，纷纷起来反对封建主义，并要求向西方国家寻求改革我国贫穷落后的途径。满怀爱国热忱的张相文，对青年学生的爱国运动，始终抱着同情、关怀和支持的态度。张相文将爱国热情与对地理知识的兴趣融合在一起，靠搜罗到的地理译文书籍积累了大量知识。之后，他到南洋公学任教，讲授中国地理。自此以后，他大半生的主要精力便是从事地理的教学与研究。

20 世纪初，张相文将地理学讲稿加以整理，编著了两种地理课本：《初等地理教科书》和《中等本国地理教科书》。这两本书出版后多次印刷，销量达 200 万册以上，这是地理科学知识在国内的第一次大普及。接着，他编著出我国第一本自然地理著作——《地文学》。

《地文学》是张相文的代表作，内容分星界、陆界、气界、水界和生物界五篇，附有中西对照表 15 页，彩色地图 10 余幅，插图 80 余幅。这本书反映出张相文具备了在当时来说超前的地理学学识水平。除了学术上的建树之外，张相文还非常重视实地考察，他曾多次到山东、河北、山西、河南、内蒙古等地进行考察研究，他把考察所得与新地学知识结合起来研究，留下了不少有价值的考察手记与论文，对我国地理学的发展，起了很大的促进作用。

随后，张相文与一些学者一起着手创建地学学术团体，成立“中国地学会”，张相文被推举为第一任会长。中国地学会的建立，距今已有90多年历史，它是中国建立的最早的地理学术团体，在早年中国地学与国际地学的交流上曾起过重要的作用。北京大学林超教授曾说：“20世纪初期，可以说是中国近代地理学的萌芽时期，中国地学会的建立和它的活动，是这个时期的标志，而张相文则是这个时期的代表人物。”

## 地质学家李四光

李四光，原名仲揆，古生物学家、地层学家、大地构造学家、第四纪冰川学家、地质学家。

李四光是湖北黄冈人，曾留学日本和英国，历任北京大学地质系教授、中央研究院地质研究所所长。中华人民共和国成立初期，李四光尚漂泊在国外之时，就已被任命为中国科学院副院长。归国后，他长期担任着政府地质部部长和中国科学技术协会主席。李四光在地质研究方面取得了巨大的成就。这些成就的取得，离不开他聪明的头脑、执著的精神和严谨的工作态度，更离不开他对祖国的热爱。

李四光出生在湖北黄冈县的四龙山镇。因为他是父亲的第二个儿子，所以，父亲给他起名叫李仲揆。少年时的李仲揆，刻苦学习，成绩一直优秀。14 岁时，李仲揆听说省城办了一所官费的高等小学堂，而且听说那里不学“四书五经”，而是教授国文、算学，成绩优秀者还能出国留学。因此，李仲揆说服了父母，带着借来的几个盘缠，徒步到省城报考。李仲揆办理了报考手续，买了一张报名单。李仲揆提笔在姓名栏中端端正正写下了“十四”二字。“糟糕!”他差点叫起来，“怎么能把年龄当成自己的名字呢!”重新买一张报名单吧，身上剩下的钱已经不多了，何况还要住宿、吃饭。李仲揆双眼注视着“十四”二字，一簇思维的火花在幼小的头脑中迸发出来。他重新提起笔，把“十”字改成“李”字，然而，这“四”字与“仲”字的笔画和字形却相差太大，确实是难以改成。难道还能改叫“李四”不成！忽然，眼睛一亮，瞥见大厅正中挂着一块横匾，上面刻着“光报四表”四个大字，李仲揆急中生智，在“四”字的下面，加上了一个“光”字。“李四光!”他心想：好，四面光明，光照四方，前途大有希望！他以第一名的成绩考取了南路高等小学堂。从此，李四光便“取代”了李仲揆。他那富有战斗性和科学精神的一生，也正如他的名字一样，光照四方。

15 岁时，李四光因学习成绩优异被选派到日本留学。他在日本接受了革命思想，成为孙中山领导的同盟会中年龄最小的会员。孙中山赞赏李四光的志向：“你年纪这样小就要革命，很好，有志气。”还送给他八个字：“努力向学，蔚为国用。”

6 年后，李四光从日本学成回国。武昌起义后，他被委任为湖北军政府理财部参议，后又当选为实业部部长。袁世凯上台后，革命党人受到排挤，李四光再次离开祖国，到英国伯明翰大学学习并获得硕士学位。此时的李四光决意回国效力。

从 20 世纪 20 年代起，李四光担任北京大学地质系教授、系主任。他在太行山的沙河县、山西大同盆地口泉附近发现了第四纪冰川遗迹，虽遭到一些外国专家傲慢地否定，他却没有丧失勇气和信心，继续带领学生在太行山、九华山、天目山、庐山等地考察，又发现了许多有力的证据。

李四光从事科学研究，一向是一丝不苟，对学生的要求也是严格的，连走路，也要学生练好基本功。他经常对学生说，搞地质经常到野外去工作，脚步就是测量土地、计算岩石的尺子，要求迈出的每一步的距离都要相等，并且要记住自己每一步的步长。李四光要求学生做的，自己首先做到。他养成了一个习惯，走路不紧不慢，步子大小相等，迈一步约是0.85米。不论到哪儿，他仿佛老在度量距离。所以，他的学生只看见他那走路的模样，就能认出他来。

20世纪20年代末，李四光任中央研究院地质研究所所长，后当选为中国地质学会会长。期间，李四光以“扬子江流域之第四纪冰期”为题，在中国地质学会第十次年会上作了学术演讲，会后专门请中外学者到庐山实地考察。有的外国专家私下对李四光说，如果这些遗迹在国外被发现，早就被公认是冰川遗迹了。此后，李四光加紧了对第四纪冰川的考察，先后在扬子江流域、黄山等地发现了大量遗迹，最终推翻了外国人的错误结论。其研究成果对掌握地下的水文和构造，对中国发展建设事业起了十分重要的作用。

李四光一生经历了中国社会几次大的变革。辛亥革命的经历，使他得出应以科学来改变旧中国面貌的结论。随着时间的推移，他发现这种“科学救国”的理想已是难以实现的幻想。北洋政府时期，军阀之间混战不止，李四光曾化名在报上发表过一些讽刺、责骂的文章。南京国民政府时期，他亲眼看到国民党的腐败和对科学的不重视，看到爱国青年仍然受到追捕迫害。不久，中央研究院总干事兼“中国民权保障同盟”总干事杨铨被特务暗杀，李四光非常气愤，把刚鉴定出来的一个古生物化石新属以杨铨的名字来命名，用这种科学家特有的方式表示纪念与抗议。鉴于李四光在学术界和教育界的地位，蒋介石多次表示要其出任要职，都被他拒绝。

由于李四光专注于科学研究，一开始他的妻子许淑彬不理解，两人常常发生矛盾，许淑彬愤然弃家出走。李四光的地质力学遭到中外地质权威们的冷嘲热讽，他十分痛苦，这时，许淑彬回到了他的身边。但此时，他的学生吴焕明却决定弃学从事革命，陈亚宗要到国外深造，只有郑森决定追随他继续进行科学研究。李四光举家南下。在好友杨杏佛的支持下，李四光在鄱阳湖畔建成了一座冰川陈列馆，他打算在此潜心研究。可不久陈列馆就被国民党军队夷为平地，杨杏佛亦遭特务暗杀。抗战时期，李四光一家和地质研究所的同事们颠沛流离到了贵阳，最后抵达重庆。在李四光地质力学研究手稿写成、苦于无处发表时，吴焕明陪周恩来来看望他，给了他极大的鼓舞。在困顿与痛苦中，李四光逐渐认识到新民主主义革命的必要性。抗战期间，他在重庆两次见到了周恩来，后来他说："我在周先生身上产生一个最大的感觉——中国有了共产党，中国就有了希望。"

新中国成立在即，正在国外的李四光被邀请担任政协委员。得到这个消息后，他立即做好了回国准备。这时，伦敦的一位朋友打来电话，告诉他国民党政府驻英大使已接到密令，要他公开发表声明拒绝接受政协委员职务，否则就要被扣留。李四光当机立断，只身离开伦敦来到法国。两星期之后，夫人许淑彬接到李四光来信，说他已到了瑞士与德国交界的巴塞尔。夫妇二人在巴塞尔买了从意大利开往香港的船票，秘密回国。

回到新中国怀抱的李四光被委以重任，先后担任了地质部部长、中国科学院副院长、全国科联主席、全国政协副主席等职。他虽然年事已高，仍奋战在科学研究和国家建设的第一线，为我国的地质、石油勘探和建设事业作出了巨大贡献。

中华人民共和国成立初期，大规模经济建设开始后就遇到石油短缺的困难，当时全国所需石油80%—90%都依靠进口。有一次，毛泽东、周恩来等中央领导人把李四光请到了中南海，毛泽东十分担心地问李四光："有人说'中国贫油'，你对这个问题怎么看呢？如果中国真的贫油，要不要走人工合成石油的道路？"李四光根据数十年来对地质力学的研究，从他建立的构造体系、特别是新华夏构造体系的特点，分析了我国的地质条件，说明中国的陆地一定有石油。毛泽东、周恩来在认真听取了汇报后，支持了他的观点，并根据他的建议，在松辽平原、华北平原开始了大规模的石油勘查。

从20世纪50年代后期至60年代，勘探部门相继找到了大庆油田、大港油田、胜利油田、华北油田等大油田，在国家建设急需能源的时候，使石油滚滚冒了出来。这样，不仅摘掉了“中国贫油”的帽子，也使李四光独创的地质力学理论得到了最有力的证明。

50年代末，李四光由何长工、张劲夫介绍加入了中国共产党，由一个民族民主主义者成为共产主义战士。

60年代以后，李四光因过度劳累身体越来越差，但还是以巨大的热情和精力投入到地震预测、预报以及地热的利用等工作中去。一次，周总理凌晨紧急找他，说有关方面向国务院报告，当天清晨7时某地将发生7级地震，请国务院批准立即通知居民搬到室外去住。周总理问：“李老，你的看法怎样，真是这么急吗?”李四光马上给当地的一些地应力观察站打电话了解情况，根据无异常变化的反映及自己的分析判断，对周总理说明不必发警报。后来的事实证明了李四光的判断：该地没有发生强烈地震。

李四光晚年仍极大地关注地震研究。他经常分析大量的观察资料，还冒着动脉瘤破裂的危险，多次深入实地考察地震的预兆。逝世的前一天，他还恳切地对医生说：“只要再给我半年时间，地震预报的探索工作就会看到结果的。”1971年4月29日，李四光因病逝世，享年82岁。

李四光是中国地质事业的奠基者和领导人，同时也是我国冰川学研究的奠基人。他独创的地质力学理论，为我国的地质、石油勘探和建设事业作出了巨大贡献。

# 著名地理学家竺可桢

竺可桢是我国卓越的科学家和教育家，也是当代著名的地理学家和气象学家，中国近代地理学的奠基人。

中华人民共和国诞生后，竺可桢担任中国科学院第一任副院长，同时担任中国科学技术协会副主席，中国气象学会理事长、名誉理事长，中国地理学会理事长等职。他还当选为全国人民代表大会常务委员会委员，并光荣地加入了中国共产党。竺可桢从小就对学习有浓厚的兴趣，后专门从事地质学、矿物学的研究，成就显著。

竺可桢出生在东关镇一个普通家庭里。他从小就在私塾里读书，学习十分勤苦。中学阶段，就读于上海澄衷学堂和复旦公学，后又到唐山路矿学堂读书，并以优异的成绩考取了公费留学生，赴美国伊利诺斯大学学习农学，后又转入哈佛大学地学系专攻气象，并以台风研究的优秀论文获得了博士学位，时年 28 岁。

竺可桢怀着“科学救国”的理想，回到了祖国，先后执教于武昌高等师范学校和南京高等师范学校，受聘担任南京高师地学教授，次年，学校改称东南大学，在竺可桢主持下，建立了地学系，下设地理、气象、地质、矿物 4 个专业，并任系主任，这是我国高校建立地学系之始。不久，学校又改名中央大学。在此期间，他一面担任地理系主任，主持日常行政工作；一面教授地学通论、气候学、气象学等课程，培养了我国第一批气象学和地理学研究及教育人才。他还积极参加中国科学社，做了大量宣传工作。

在东南大学任教期间，他积极筹建校南农场气象测候所，逐月发行南京气候报告。这是我国自建和创办气象事业的起点和标志。北伐胜利后，国民政府筹建中央研究院，下设观象台筹备委员会，分设天文、气象两个研究所，担任中国气象学会副会长的竺可桢，又被任命为气象研究所所长。竺可桢白手起家，克服了重重困难，努力发展我国气象事业，他首先领导了中国气象台站网的建设，提出了《全国设立气象测候所计划书》，计划在10年的时间内在全国建立气象台10处、测候处150处、雨量测候所1000处。气象所成立当年，首先建成了南京北极阁气象台。在此期间，竺可桢还开展了天气预报业务，开展了气象资料整编的出版业务，先后出版了《中国之雨量》、《中国之温度》、《中国气候资料》以及《气象月报》、《气象季刊》、《气象年报》等。1934年他发起成立中国地理学会。

1936年，他担任浙江大学校长，历时13年。他以“求是”为校训，明确提出中国的大学必须培养“合乎今日的需要”的“有用的专门人才”的进步主张。抗日战争爆发后，他一面组织师生上课，一面以实际行动支援抗战，并为当地群众服务。在民主爱国的学潮中，他始终站在进步学生一边，保护浙大师生的爱国正义行动。新中国成立后，他出席了全国人民政治协商会议，积极投身新中国的建设。新中国成立后，竺可桢被任命为中国科学院副院长，同时兼任中国科学院生物学地学部主任、综合考察委员会主任、中国地理学会理事长、中国气象学会名誉理事长、全国科学技术协会副主席等职务，还被选为历届全国人民代表大会代表、人大常委会委员。

作为新中国地学界的组织者和教育家，他倡导建立了许多新的研究机构，并培养了大批地学骨干力量。他强调地理学一定要摆脱单纯描述，用最新的科学成果和仪器设备，进行定位观测，建立实验室，采用现代化的工作方法，综合运用生物、物理、化学、数学等基础科学方面最新的理论来进行研究论证。

竺可桢领导创建了中国科学院综合考察委员会，并一直兼任主任职务。在他的支持下，仅两年间，就先后建立了6个综合考察队。它们是：黑龙江综合考察队、新疆综合考察队、华南与云南热带生物资源综合考察队、长江与黄河流域土壤调查队、柴达木盐湖科学考察队等。此外，竺可桢还组织了治沙考察队、南水北调考察队等。到他去世时为止，在他领导下，中科院先后组织了25个规模不同的综合考察队，参加工作的达100多个单位，1万多人次，积累了大批珍贵资料，取得了丰硕科研成果。

竺可桢热情地倡导和组织了中国自然区划、中国农业区划、中国国家地图集等重大科研项目的研究。在他的建议下，设立了国家海洋局、国家测绘总局和自然科学史研究所。他重视科学知识的普及工作，把科学研究和科学普及比作科学的两翼，并在工作繁忙的情况下，仍撰写了大量科普文章，宣传科学知识。他认为：地理学是经济建设事业中的基础科学，是研究现代地面环境的科学，因而应着重研究现代地表面的岩石圈、水圈、气圈与人类的相互作用，研究地球外壳结构及其组成部分的发生、发展、分布和各组成部分之间相互制约、相互转换的科学。我国的地理学，正是沿着这一方向健康发展的。

作为卓越地理学家和教育家的竺可桢，不仅创建了我国最早的地理系，培养了一大批地理科学专门人才，而且在许多地理学重大领域和重大问题上，提出了创造性意见。在地理学研究方法方面，他十分重视地域差异规律的研究，早在20世纪20年代末，他就发表了《中国气候区域论》，开创了这方面研究的先例。50年代末，他发表了《中国亚热带》一文，指出：不应将热带北界移至南岭，也不应将华北各地、东北南部和新疆南部都划归亚热带。他不仅提出了划分的标准，同时明确指出了亚热带的北界和南界。他的见解，得到学术界的公认。

竺可桢在气象气候学研究中的成就，引起了国内外学术界的高度重视。他早年就从事台风和东亚季风的研究，在气候变迁领域的研究中，更有着卓越的贡献。他阅读了大量经、史、子、集及中外文献，研究中国和世界各个历史时期的气候变迁。60 年代初，他撰写了《历史时代世界气候的波动》，70 年代初他又发表了《中国近五千年来气候变迁初步研究》等学术论文。

在前一篇论文中，竺可桢依据有关文献资料记述的地理现象，证明了 20 世纪气候逐步转暖，并由此追溯了历史时期和第四纪世界气候、各国水旱寒暖转变波动的历程，发现 17 世纪后半期长江下游的寒冷时期与西欧的“小冰期”相一致。最后指出：太阳辐射强度的变化，可能是引起气候波动的一个重要原因，从而为历史气候的研究提供了新的论据。

后一篇论文，他充分利用了我国古代典籍与方志的记载以及考古的成果、物候观测和仪器记录资料，进行研究并得出了令人信服的结论。文章指出：从仰韶文化到安阳殷墟的两千年间，黄河流域的年平均温度大致比现在高 2 摄氏度，一月温度约 3 摄氏度—5 摄氏度；此后的一系列冷暖变动，幅度大致在 1 摄氏度—2 摄氏度，每次波的周期，历时约 400—800 年；历史上的几次低温出现于公元前 1000 年、公元 400 年、公元 1200 年和公元 1700 年；在每 400—800 年的周期中，又有周期为 50—100 年的小循环，温度变动的幅度 0.5 摄氏度—1 摄氏度；气候的历史波动是世界性的，但每一最冷时期，似乎都是先从东亚太平洋沿岸出现，而后波及欧洲与非洲的大西洋沿岸。大变动的原因主要受太阳辐射的控制，小变动的原则与大气环流活动有关。这项研究，博大精深，严谨缜密，可以说是一项震动世界的科学成就。

# 中国科学家郭开

郭开，我国著名的地理学家，他引西藏水进入黄河的创举，堪称是中国的地理大发现。

郭开以其敏锐的洞察、精细的勘测，依据我国地势西南高，西北、华北低的特点，设计在雅鲁藏布江朔玛滩筑坝取水，沿途串怒江、澜沧江、金沙江、雅砻江、大渡河之水入黄河，并开运河直至天津及新疆，一举解决北方干旱缺水、环境恶化、生态脆弱等问题，相当于再造一个中国，具有无可比拟的经济、社会、环境效益。

20 世纪 40 年代，地理学家翁文灏发现：由于喜马拉雅山造山运动，三大拐弯（雅鲁藏布江大拐弯、黄河阿坝大拐弯、河套托克托大拐弯）的连线是一条低地带谷川，两边都是高山，一边是青藏高原，一边是横断山脉，到了黄河这里，一边是巴额喀拉山，一边是岷山，再往下则是贺兰山、阴山和吕梁山。我国西南地势高，西北华北地区地势低，沿着这条线路，完全可以把西南诸河流出国外的水顺利引到西北、华北缺水地区。

郭开早年随军到西藏，深知那里水多。他自己几渡黄河，又参加过三门峡水库截流，深知黄河病在水少。如何将西藏水引入黄河，是他多年来琢磨的问题，但苦于大山阻隔，高原辽阔，无可奈何！

“文革”期间，郭开蒙冤被关在“牛棚”里，每天除了拉出去批斗一两个小时，其余时间就被关在里面。习惯于读书的郭开，发现由造反派抄家抄来的许多书，大部分是外文书，这对学过英文、俄文、日文的郭开，正中下怀。他发现了这本翁文灏20世纪40年代初在香港出版的英文《中国地形图》。这本地图制作非常精细，哪里山多高、水多深，都标得清清楚楚，令郭开大开眼界，特别是翁文灏的发现。

翁文灏的发现一下使他心明眼亮，经过几个月的研究，他提出了雅黄工程初步方案——引雅鲁藏布江水入黄河。

1958年3月成都中央工作会议上，毛主席正式提出南水北调的问题，考察水资源丰富的西南地区的任务就摆上了日程。

1959—1963年由中国科学院综合考察委员会领导组成的西南地区综合考察队对西南地区的自然条件、资源状况进行了实地查勘。考察中他们发现，在这些南北走向的巨川大山中，都有许多东西向的横切沟壑、溪涧。这些地方常常是巨江大河的分水岭，其垭口都很低薄，有的打隧洞，即可连通，有的连隧洞都不用打，做个小工程即可通水，甚至不用做任何工程，只要在江河峡谷处筑坝，抬高水位，水便可沿自然垭口溢流过去。这一发现，使郭开的雅黄工程方案有了实现的可能。

郭开的原方案是：走独龙江——怒江——虎跳峡——到甘肃定西入祖历河——黄河，流程6000公里，工期50年，投资1万亿。这个数字不仅把别人都吓跑了，连郭开自己也吓坏了，好几年不敢提起。

当郭开正苦于对从雅鲁藏布江到黄河引水，不知怎么具体把握时，一个偶然的机会，在北京碰上了老战友武寺石。武寺石听了郭开的陈述，非常高兴，他说他早就有这样的想法，认为要引雅鲁藏布江的水，取水口只能选在朔玛滩。老战友一席话，郭开茅塞顿开，立刻决定再次奔赴西藏。在武寺石的协助下，他实地考察了朔玛滩，果真是最理想的坝址。郭开当即敲定就以朔玛滩为取水口。二十多年来，方案中各条线、水库、隧道……都翻来覆去改，唯独朔玛滩作为取水口始终不变。

武寺石对喜马拉雅山很有研究，他领着郭开到各地察看，发现在西藏所有高山都有很低的垭口。这种垭口一般地图都反映不出来。经过长期考察，终于发现喜马拉雅山有六个山口：马及墩、塔马墩、洛拉、雪嘎拉、德阳拉、东拉山口。这些山的垭口都很薄很低，引水施工非常方便。郭开的整个方案就是建立在这些地图上没有反映出来的地理发现上面的，因而符合科学，非常实用。

郭开二十多年来就是经过考察研究核实，把这些发现串联综合形成一个大发现——引水 2006 亿立方米，自流入黄河经青海湖调蓄、灌溉三北、中原，绿化沙漠 10 亿—20 亿亩，再造一个中国，使 13 亿中国人生活幸福，发展无限。这确实是一个非常重大的地理发现。

任何科学研究都由无数科学家的心血和汗水凝结而成，把雅鲁藏布江的水引入黄河，是一件有益于全人类的大事，正因为有了像郭开一样为人们谋福利的科学家，我们才能如此幸福地生活着。

## 愿做春蚕的翁文灏

翁文灏，中国地质学家。中国地质科学事业奠基人之一，在中国地质学教育、矿产开探、地震研究等多方面都有杰出贡献。

翁文灏出身绅商家庭，13 岁时通过乡试中秀才。后来到上海读书，在法国天主教会所办学校学习外文，后到欧洲留学，接着在比利时鲁凡大学获地质学博士。回到中国后，在北洋政府农商部任事，一直致力于地质学研究和教学。

翁文灏对中国地质学各方面研究皆有贡献。他是第一位地质学博士、第一个撰写中国矿产志、编成第一张全国地质图、主导发现及开采中国第一个油田——玉门油田。翁文灏亦是第一名考察研究甘肃8.5级地震的中国学者，事后出版《中国地震区分布图》，是中国首张地震区划图。在他的主持下，中国第一个现代地震台在北京西山建立。翁文灏对构造地质学、历史地质学也有贡献，北京周口店出土北京猿人，亦是由他所主导的新生物研究所所发现。

除了这些个人取得的成就，翁文灏还直接从事中等与高等教育工作将近20年，为祖国科学事业培养了大量人才。

翁文灏在北洋政府农商部地质研究所任讲师，主讲矿物学、岩石学等课程，他与章鸿钊、丁文江是该所主要负责人和教师。该所实际上是一个地质专科学校，开办时招生30人，其中18人获毕业文凭，这是我国自己培养的第一代地质工作者，不少人后来成为著名的地质学家，如叶良辅、谢家荣、徐韦曼等。翁文灏准备扎实，讲解清晰、生动，他还与章鸿钊常带学生到北京西山、河北和江南等地实习。后来，他们二人把实习报告整理编纂成《农商部地质研究所师弟修业记》一书正式印行。该所学生结业时曾举办成绩展览，一些外国地质学者前来参观，十分惊叹地说："实与欧美各大学无异。"

翁文灏长期担任北洋政府农商部地质调查所所长，实际领导了全国的地质调查与科学研究事业。他深知培养人才是一切的基础，因而他长期兼任北京大学、清华大学、北京高等师范学校的教授、名誉教授，并担任清华大学地学系主任、该校代理教务。他把地质调查所作为各校师生的实习与研究基地，提供种种方便。他有个不成文的规定，每年夏天要让北京大学、清华大学、燕京大学等校的地质系学生出外实地考察、完成生产任务和科研任务，把教学、科研、生产三者有机地结合起来。他安排地质调查所的专家们去各校地质系兼课，也让各校地质系毕业的高才生进入所里工作，充实调查所力量。他还十分重视地质教育的普及，强调中小学教育中应贯穿地质学的教学内容。

为了提高全民族的科学文化素质，他在撰写学术论文的同时，也发表了很多地学科普读物，其中最突出的是普及地震灾害地质知识。他为我国培养了大量的地质方面的人才，也为中国地质学的发展作出了巨大的贡献。

# 热爱自然的林超

林超，我国著名地理学家、地理教育家，中国人文地理学、综合自然地理学和景观生态学的开拓者。

林超字伯超，他不仅天资聪颖，还胸怀坦荡，待人诚挚。家庭的熏陶，使林超自幼对文科有着浓厚的兴趣。他 17 岁时考取岭南大学读文科，次年转入中山大学哲学系。在研习哲学之余，俄籍教授史禄国讲授的人类学和民族学涉及很多人类与环境的关系，引起林超的极大兴趣，他对地理学的兴趣悄然而生。正好当时中山大学创办地质系和地理系，在老师建议下，他选修了瑞士教授汉姆的地质学和德国教授威廉·克勒脱纳的自然地理课程，这一选择从此成为他终身的奋斗目标。

人生之路的选择，有时候似乎是一种偶然，但是，偶然后面往往隐藏着必然。在中小学时，因为当时的地理教材内容贫乏、枯燥无味，教师又大多是照本宣科，毫无吸引力。林超对地理课并不感兴趣。但他热爱自然的天性，并不因为这些而稍减。在孩提时代，家乡榕江下游平原的原野和河渠湖塘是他经常嬉戏游乐的场所，少年时代他经常在课余攀登海岛上数百米高的花岗岩小山，远望无边无际的大海，这些都孕育了他热爱地理学的潜意识。这次仿佛是上天送来的机会，林超选修了克勒脱纳的课程。在课上，克勒脱纳不仅讲述自然界中许多奇妙的现象，而且还仔细说明它们的本质和成因。林超听了他的课，认识到地理世界原来是一个如此新颖的天地，他对地理学的兴趣越来越浓了。除听课外，克勒脱纳几乎每个星期天都带学生去野外考察，观察地质、岩石、地貌、植被等。每次野外考察，除了做笔记，还要一起展开热烈的讨论，变化无穷的大自然，每次都在向林超提出许许多多新鲜、奇妙的问题，激发他思考和探索自然界的热情。

林超曾从广州出发，越过南岭到湖南，对两省的交通运输进行考察。当时恰值南岭下了大雪，特别寒冷刺骨。在翻越位于分水界的蔚岭关时，路面的融雪已结成冰，大家只好脚缠布条和野草前进，人与环境的协调，让林超学到了知识，开阔了视野，而且增添了对大自然的感情。

接着，林超以优异成绩考取公费留学英国利物浦大学。四年后，年仅29岁的林超荣获该大学第一个地理学博士，随即归国就任中山大学教授和地理系主任，同年又被破格任命为中山大学理学院代院长。1949年林超代表中国赴葡萄牙首都里斯本参加国际地理联合会第十六届大会，为中国在国际地理学界争得了应有的地位，从此中国成为国际地理联合会的正式成员。

新中国成立以后，林超对自然地理学给予了更多的关注。他是我国最早研究综合自然地理学的学者，最早提出我国的综合自然地理学，克服了西方近代自然地理学和苏联普通地理学的片面性，把自然地理学的综合性与地域性融为一体，使名称和学科的性质结合起来，探讨综合自然地理学的作用和地位。因此，他被公认为中国综合自然地理学的奠基人。在他主编的《中国大百科全书·地理学》开篇中写到："地理学将是一门既有坚实的基本理论、应用理论的基础性科学，又是一门与生产实践进一步紧密联系的应用性科学。21世纪的地理学将是一门在理论化和数量化基础上进一步综合化、生态化、社会化的理论与应用并重的两栖科学。”

林超在长达61年的地理学研究与教学生涯中，博学精思、硕果累累。著名地貌学家曾昭璇教授对林先生的一生作了精辟的概括：“如以竺可桢先生为中国现代地理的第一代开山大师，那么，林超师就可说是属于发展我国地理学的第二代人物之列。”

林超先生是在我国近代地理学兴起的初期，登上地理学之路的老前辈。他在投身地理科学和地理教育的55年漫长岁月中，曾经历了一条兴趣培养、志向选择、基础训练、勤奋上进的攀登之路，取得了事业上的成功。他毕生致力于地理研究和地理教育，是我国当代最著名的地理学家之一。

## 愿为一颗铺路石的李旭旦

李旭旦，《地理知识》主编，曾任中国科学院地理专业筹委会委员、南京师范学院地理系主任、江苏省地理学会副理事长、中国地理学会常务理事，为复兴人文地理学的发展作出了突出的贡献。

李旭旦出生于江苏省江阴县。由于家境贫寒，使他从小就惜时如金、发奋学习。他学习刻苦努力，成绩出类拔萃。其中他最感兴趣的课目是历史和地理。对历史的爱好，使他熟读了各名家之思想。在熟读了梁启超的《饮冰室文集》后，他认识到读书不能忘救国。他深深感受到：作为炎黄子孙，我们固然有着引以为自豪的历史，但更重要的是要深知祖国之大地，才能为国出力。于是，当他以全校高考总分第一名被保送入南京中央大学时，毫不犹豫地选择了地理系。

鸦片战争后，西方的科学文化传入我国，系统的人文地理学也开始传播进来。当时，对于人文地理学的理论基础，即“人地关系”问题，还没有得到共同的意见。李旭旦明白，只有大力推动“人地关系”的研究，才能使人文地理学迅速地向前发展。于是他和同学在老师的大力支持下，翻译了法国人文地理学奠基人白吕钠的《人地学原理》。书中指出，人类与自然之间是互相影响的，自然固然能影响人，人类亦能适应和改造自然。白吕纳的《人地学原理》翻译出版后，“人地相关论”的观点越来越被中国地理工作者所接受。可以说《人地学原理》的引进，对我国当时地理学界具有重要的意义，对后来我国人文地理学的发展也起到了巨大的推动作用。

李旭旦曾孤单一人横渡英吉利海峡，周游德、法、瑞士、荷兰等国，登上阿尔卑斯山之巅，后又横渡大西洋，踏上美国国土，从东向西横穿美国，最后横渡太平洋回到祖国。这一环球旅行，使他观察、了解了许多国家的自然环境、社会状况、观察到了沿途人地关系的地域分界，大大增加了他对世界地理的感性认识。他深刻认识到地理学永远是一门与生产实践紧密地联系在一起的科学。学成回国后，由于抗战爆发，教学条件及生活都异常艰苦，但李旭旦在教学中，仍非常注意培养学生运用知识解决实际问题的能力。每年暑期，他都带领学生进行野外实习，丰富的社会实践、坚实的理论基础让李旭旦对自然地理的认识越来越深刻。

第二次世界大战结束后，李旭旦应聘到美国马里兰大学作访问教授。在此期间，他认真研究了中国的地理区划问题。他说：“当时地理区划已成为各国地理学者的重要课题。尤其是我国，由于国土辽阔，地理状况复杂多样，要进行科学的地理分区殊为不易，不少中外学者都争相涉足于这个问题。我吸取了当时国外地理学中的先进方法，进行了独立的、综合的地理分区，把整个国土作为一个巨大的人地单元，既考虑诸如地貌、气候、水文、土壤、植被等各种自然要素，又考虑人口、经济、民族、文化等各种人文要素，在深入研究我国人地关系地域分异的基础上，写成了《中国地理区之划分》一文，发表在《美国地理学家协会汇刊》上。”李旭旦的这篇文章将自然与人文综合起来划分地理区，具有开创性的意义。新中国成立后，李旭旦编著了《苏联经济地理》，翻译了《苏联地理》等书，并在1950年创办了《地理知识》。为了更好地培养新一代地理教育工作者，在院系调整中，他毅然辞去原任职务，主动要求由南京大学转到南京师范学院创办地理系，开辟新的育人园地。

面对取得的成绩，李旭旦谦逊地说：“我当时只是摸索着做了一些工作，不过是在为后人开辟的道路上铺了一颗石子而已。”

## 一生勤奋的地理学泰斗任美锷

任美锷，中国科学院南京地理研究所所长、国际海洋地质委员会委员、国际海事组织与国际原子能委员会深海抛弃放射性废料专家委员会委员，兼任中国地理学会名誉理事长、中国海洋学会名誉理事长，中国科学院院士。

任美锷出生于浙江省宁波市，23岁被选送英国留学，26岁获英国格拉斯哥大学博士学位。学成后回国执教，在60多年的教学科研生涯中，他以勤奋的工作、非凡的才智，为我国的地理科学作出了卓越的贡献。

新中国成立后，担任南京大学地理系主任的任美锷积极投身新中国建设。43 岁时，任美锷应国务院邀请，赴京参与“全国十二年科学技术发展规划”的制定工作。他与其他 200 多名科学家一道，最早规划了新中国成立后的科技蓝图，确定了一系列的重大科技项目。随后，他又主持中国科学院云南综合考察中的自然地理研究。

任美锷带领师生奔赴祖国西南边陲，涉水越岭，在西双版纳的热带丛林里风餐露宿，艰苦地调查当地的自然地理环境和地貌条件。夜间，他们穿的衣服每次都被打湿。原来，大家一直以为，这个地区种植橡胶，旱季缺水是个大问题，旱季夜间浓雾的发现，使这个问题迎刃而解，这也算一个意外的收获吧！

1962 年，周总理在广州召开全国知识分子大会，一位海军领导同志恳切地说：中国海洋科学很落后，国家建设迫切需要它，希望更多的科学家留心于此，一切听从祖国的召唤。从那以后，任美锷“下海”了。为了摸清我国海岸带资源，他挑起了考察队队长的重担，踩泥滩、穿芦苇、沐海风、喝咸水……整整 5 个年头，任美锷的足迹踏遍了全国海岸带，大庆油田、海南岛港口等 10 多项大型经济、国防项目的建设，都留下了他的身影。

任美锷的论文，每一篇都凝聚了他大量的心血和汗水。他一直坚持像科学大师竺可桢那样，现场观察，随时笔录，研究总结，他最看重的是论文对实践的指导性。

他提出了“准热带”的概念，为我国扩大热带作物种植提供了理论基础；他第一个在我国提出了风暴潮对海岸带的作用，填补了我国对风暴潮沉积研究的空白，为我国众多港口的建设和海洋资源的开发提供了具有重大意义的数据。

为了表彰他在海洋地貌学和岩溶地貌学研究上的卓越贡献，英国皇家学会授予他国际地理学方面的最高奖章——维多利亚奖章。他成为我国获此奖项的第一人，也是迄今为止唯一的一人。任美锷治学严谨，培养了大批优秀的地球科学家，1990 年 12 月获国家教委和国家科委授予的“全国高等学校先进科技工作者”称号。在后来的十余年间，他仍密切关注国内外科学发展动态，结合自己多年的科研认识与经验，针对当前生产建设与社会经济发展过程中出现的一系列敏感问题，不断撰文，继续耕耘在科学研究的沃野。

任美锷为什么能取得这样的成就？他说：“学习无止境，必须勤奋学习，不断吸收新知识，才能赶上科学发展的步伐。学习取得成绩，个人天资尚在其次，关键还是一个‘勤’字。”

# 地层学之父斯坦诺

尼古拉斯·斯坦诺，丹麦著名地质学家，被称为“地层学之父”。

斯坦诺出生在丹麦的哥本哈根，22 岁那年，他离开故乡，到荷兰的大学去学习医学。1665 年，他又来到了意大利的佛罗伦萨，在那里，他担任过帕多瓦大学的教授，还做过解剖学专家、牧师等。做医生时，斯坦诺发现收缩的肌肉只是改变了它的形状，而没有改变体积。这在当时是一个重大发现。

由于他在解剖学研究中名气很大，一天，佛罗伦萨的大公爵给他送来了一具刚捕获的鲨鱼的头，供他解剖。当斯坦诺在检查鲨鱼的牙齿时，他发现这些牙齿很像人们在岩石中发现的“舌形石”。以前的人把舌形石说成是从天空上或月亮上掉下来的石头，还有的人认为它是从石头里长出来的。通过与鲨鱼牙齿的比较，斯坦诺终于得出了正确的解释：岩石中的舌形石就是古代鲨鱼的牙齿。

既然岩石中的舌形石就是古代鲨鱼的牙齿，那么同为固体，鲨鱼的牙齿是如何被包裹到岩石中去的呢？斯坦诺经研究发现，岩石里不仅有固体的牙齿，还有矿物、晶体、岩脉等固体。斯坦诺首先假定组成地层的岩石和岩石中的其他固体，都形成于水中。当水中的颗粒沉到水底、形成一层沉积物时，形态上是呈水平延展的。如果最终地层固化为岩石，一个固体被另一个固体包裹了，一定是首先固化的那个固体的形状将影响、制约后形成的固体。也就是说，如果一个固体被其他固体包围了，那么它一定是先形成固体的。因此，舌形石绝不是从石头中长出来的，而是先于岩石形成的。斯坦诺观察，在一系列地层中，盖在上面的地层的形状往往受到躺在下面的地层的影响，所以从时间上看，最年轻的岩石是最上面的一层，最古老的岩石是最下面的一层。火成岩要例外，因为它们不是从水中诞生的。就这样，斯坦诺从鲨鱼的牙齿入手，发现了地层层序律。

有时，地层的初始顺序会发生改变。斯坦诺认为，地下洞穴的坍塌，会使上面的岩层落到下面去，从而改变原来的次序；地下的力量也会将岩层向上顶，使相同高度上的地层发生改变。斯坦诺的见解有一定的道理。现在的地质学家承认，洞穴坍塌可以影响地层序列，但是他们认为，使地层顺序改变的主要因素，是倾斜、褶皱和断层的威力。一旦平整的地层受到这些因素的影响而改变，总会留下一些蛛丝马迹，让细心的人觉察到。比如当岩层被断层切断时，会产生破碎，因此在断层线的位置出现碎石块。这个异常现象可以让人们研究岩层原本位于什么地方，从而修正地层顺序。

在仔细的研究之后，尼古拉斯·斯坦诺写了《关于固体自然包裹于另一固体问题的初步探讨》一书，这本书很快被翻译成英语，在世界上产生巨大影响。

# 地质学之父威廉·史密斯

威廉·史密斯，英国著名的地质学家，世界上第一个按照沉积岩中所含动物和植物化石来决定地层顺序的人。

威廉·史密斯出生于一个小农场主家庭。很小的时候，父亲就去世了。他受到的教育很少，是由叔叔抚养长大的，他从小就喜欢四处游荡。史密斯长大以后，还是喜欢东游西逛，热衷于收集奇石。他的叔叔对这种做法并不满意，就引导他买些必要的书籍，学习有关几何学、测量学方面的知识，以便将来从事土地测量工作。

史密斯听从了叔叔的建议，开始自学各种与土地有关的课程，并试着描绘测量图，还给这些图分别涂上不同的颜色。渐渐地，他的测量技术越来越纯熟。很快，一个锻炼能力的机会摆在了他的面前——政府要在英格兰西南部开挖一条运河，聘用史密斯作为测量指导。

测量运河路线需要详细的岩石资料。史密斯仔细考察了当地的岩石，他观察到，在一套沉积岩中含有的化石，从岩层的底部到顶部具有特定的规律和次序，这种次序在其他岩层中也存在。确实如此，每一地层都含有特定的化石或化石组合，并可以以此来与其他地层相区分，这就是著名的“化石层序律”。由于生物的演化是不可逆的，一种生物绝灭后，就不会再次出现在地球上。而生物的种类繁多，因此考察岩层中的化石，根据生物演化的顺序，可以确定岩层的形成顺序，而各种各样的生物综合运用，可以精确地划分地层。在特定地区的沉积岩的地层所含有的化石，具有明确的次序，在另外的地区，也可以找到这样的次序，于是不同地区的地层就可以相互对比了。这一规律比“地层层序律”更实用、更精确。直到今天，化石层序律一直是野外地质考察的基本手段之一。

一天，史密斯去拜访一位朋友里查德，这位朋友有一个收藏化石的小博物馆。史密斯走入博物馆，未经里查德同意，就把他精心分类的化石搞乱了，然后按照他的地层学的顺序重新加以分类排序。众人对史密斯的冒失惴惴不安，而主人里查德却完全相信史密斯的能力和他的地层理论。

还有一次，他去另一个朋友家用餐，聊起地层的数目时，史密斯断言，从地面附近的白垩岩开始，向下到达煤层为止，一共是23层岩石，而煤层之下的地质构造，目前尚无法确定。后来许多专家在各地勘测考证，发现煤层以上的地层确实是23层，不多也不少。这件事使人们对史密斯刮目相看。

不久，史密斯当选为一个农业协会的会员，从而有机会跻身正规专家之列，同其他对岩石感兴趣的学者交流思想。他开始写一些文章和绘制英国各地的区域地质图。之后，他又在英国各地担任了一系列技术工作，在英格兰和威尔士，他完成了多次的旅程，目的仍是制作一张完整的英格兰及威尔士地质图。为了到一些遥远的岛上去实地考察，史密斯将自己仅有的一点家产全部卖掉了。资金还是有很大的缺口，他只好将辛辛苦苦收藏的地质标本卖掉。最后，史密斯身边只剩下他的论文和地图。通过先期付款协议，在保障地图出版计划的400名捐助者的帮助下，地图终于正式印刷并出版发行。

这是英国第一张地质图，也是世界上的第一张地质图。不幸的是，刚开始时史密斯的地质图被当时的科学界忽视了。他低微的出身和有限的教育成为他在科学界成功的障碍。人们要么读不懂那张地图所蕴涵的价值，要么怀疑地图本身信息的可靠性。直到史密斯的晚年，他对地质学的贡献才被世人充分地认识。

1831 年，伦敦地质学会创立了沃尔斯顿奖章，奖励每年在地质学领域作出杰出贡献的人士。威廉·史密斯成为首位获得沃尔斯顿奖章的人。当时的地质学会会长这样评价史密斯：“当我们对现在自己的能力感到自豪时，如果我们已经逐渐忘却了源泉，我们的言语便会泄露底细。因为我们正在使用的语言，是他（史密斯）在科学还处在幼年时教给我们的。当我们联合在一起努力工作，将自然神殿的塔尖建起时，我们根据的图纸是他设计的，基石是他铺下的，坚固的墙壁是他竖起的，这一切都是他独自的努力完成的。”

史密斯不仅具有敏锐的观察力而且善于通过观察进行分析综合。他在发现不同的地层具有不同的化石之后，就跟踪探索几百英里去仔细观察地层的结构。他所发现的方法至今仍为地质学家所采用。目前英格兰的地质图与他当初绘制的只有细微的改动。他生前获得的荣誉至今不衰，被公认为是“地层学的奠基者”。史密斯用他敏锐的观察和不懈的追求，将地层中的文字翻译成人类能懂的语言。如此伟大的贡献，令后人尊称他为英国的“地质学之父”，而且很多人认为，他应该是全世界的“地质学之父”。

在常人眼中视为小玩意儿的化石，在这位英国地质学家那里，却成了精确划分地层的标尺。史密斯，这个没有名牌大学的毕业证书和头衔、靠自学成才的科学家，用实际行动演绎了自己的传奇。在史密斯的时代，地质测量人员有成千上万，却只有他一人制作出了地质图。今天看来，他完成的这张地质图，不仅是一份珍贵的文物，而且是一件永远鼓舞世人为理想上下求索的精神产品。

# 勇于探险的库克

库克是英国著名的探险家、航海家和制图家，在人们的记忆中，库克船长是“水手中的水手”，是“澳大利亚之父”，他的地位丝毫不亚于发现美洲的哥伦布。

库克出生于英国约克郡的一个贫苦农民家庭。年幼时，他迫于生计，很早就辍学，帮助父母养家糊口。他那时就显现出他的聪明，因此他做学徒没多久，雇主就和他父亲说，他愿意替小库克支付学费，让小库克去上学。这段时光是美好的，但在库克 18 岁那年，随着给他支付学费的人去世，他不得不再一次离开学校，到后来对他影响甚大的约翰·沃克家里去做学徒。学徒的生活甚为辛苦，由于约翰·沃克早年曾经是水手，随船队到过世界上的许多地方，业余时间或者他高兴的时候，他会给库克和另外一名他店里的学徒讲述一些他早年航海的经历。而这些富有传奇的经历，给库克这个年仅 18 岁的苦孩子带来了许多他从未有过的梦想。

在约翰·沃克家里待了一年后，库克决定做一名优秀的水手。当时，正好有一个机会，他加入了皇家海军，离开了沃克家。

英法战争爆发时，库克作为一名强壮的水手应征到皇家海军服役。不久他被提升为大副，后升为船长。他被授权指挥一艘舰船参加了圣·劳伦斯河上的战斗。战争结束之后，库克作为纵帆船“格伦维尔”号的船长，承担了纽芬兰、拉布拉多和新斯科舍沿岸的调查工作。在四年多的时间里，他取得了许多重要成果。

在当时，航海与天文学密切相关，欧洲天文学家对“金星凌日”现象的一些预测，激起了当时“海上霸主”英国对塔希提岛的兴趣。当时的英国上层社会认为，通过到塔希提岛对“金星凌日”现象的观测，英国的天文学家和大英帝国都可获得许多宝贵的材料或数据。因此，经过一番论证，英国议会决定派遣一批天文学家去塔希提岛进行观测，英国皇家海军一路随行，提供可能的帮助——当然，当时英国国会已经批准了海军军部向国会提出的“进一步探测南太平洋”的请求，他们对南太平洋比科学家更有兴趣。

于是，库克率领“促进”号起航去调查太平洋中维纳斯航道并考察该海区的新岛屿。他先向南航行，后向西转弯，绕过合恩角，到达塔希提岛。调查了维纳斯的航道之后，他的调查船驶向新西兰。在那里他逗留了6个月的时间，并把两个岛屿标绘在海图上。后来他沿着澳大利亚的东海岸航行。他把澳大利亚取名为新南威尔士，并宣称所有权属于英格兰。航行到爪哇岛之后，他穿过澳大利亚和新几内亚之间的海峡，取道印度洋，绕过好望角，返回英国。

在回英国的途中，他穿过了托雷斯海峡，经雅加达，凯旋回国。回国后，库克受到英国海军大臣的亲切接见，被晋升为海军中校，他的名字很快家喻户晓。

库克在这次探险中发现了新南威尔士，并且证实了托雷斯海峡的存在。另外，在没有航海表的情况下，他以罕见的精确度绘制出了5000：1的海岸图，实属不易。然而，库克并未解决有关“未知南方大陆”的疑问。因此，库克对自己的这次航行也甚为不满。

为了验证“在南方还存在着一个大陆”的报道，库克再次从英格兰起航，乘“探险”号沿着非洲海岸向南航行。到达好望角附近，开始横跨大西洋。可是，船队在大西洋上兜了一个圈子，却没有发现“南方大陆”。后来他开始向新西兰进发。不久，他从那里出发，考察了新赫布里底，把复活节岛和马克萨斯群岛标进了海图，并且访问了塔希提岛和汤加群岛。另外，他还发现了新喀里多尼亚和帕默斯顿、诺福克及纽埃诸岛，然后返航回英国。

为了考察北太平洋和寻找绕过北美洲到大西洋的航道，绕过好望角之后，库克横渡印度洋到达新西兰。从那里又航行到塔希提岛。后来他们继续航行，在圣诞节前夜他们看到了一个岛屿。这个岛屿他命名为“圣诞岛”。进一步向北航行，他发现了夏威夷群岛。在抵达夏威夷岛时，由于当时岛上的人正在举行祭祀仪式，因此他的突然闯入被当地人误认为是“洛诺神”，他和船队受到了当地土著的隆重招待。

库克率领船队离开夏威夷，航行不到一天，一艘叫“决心号”的前桅杆船出了故障，他只得返回夏威夷。这次返回使夏威夷岛上的土著人认识到他不是他们心目中的“洛诺神”，认为他欺骗了他们……于是，便有一些土著人趁他们不注意时，溜上他们的船只盗窃一些东西。当有几名土著人再次溜上他们的舰船、正准备将一艘名叫“发现号”的快艇开走时，恰逢库克和他的水手开完会走出舱门。库克马上指挥水手将他们围住，扣作人质。因为在这之前，曾有几名水手因为追赶偷盗他们东西的土著人，而被当地的部落扣押起来。库克想通过互换人质，将他的几名船员换回来。

库克带着几名警卫拜访当地的酋长，商谈人质事宜。商谈并不顺利，直到有人说白人刚刚在海湾某处杀了他们的一位兄弟时，库克意识到事态恶化了。此时他已无能为力，便决定马上离开。这时暴民已经冲了过来，为了逃生，库克下令予以有力还击。但是在退至停泊在岸边的小船时，他被击倒杀害了。

就这样，库克把自己的生命献给了自己所热爱的探险事业。在探险史上，还没有哪个人可与他的成就相媲美，世界地图将永远带着他的印记。

# 终身探索自然科学的洪堡

亚历山大·冯·洪堡，德国博物学家，一个不可思议的人物。

洪堡于18世纪60年代末生于柏林，他一生中数不尽的如火如荼的行径、广博的志趣、精深的造诣，特别是对植物学的巨大兴趣，使他在地理学领域也取得了巨大的成就。

洪堡出生于一个地主贵族家庭。他的父亲是普鲁士军队的一名军官，在洪堡10岁时就去世了。洪堡和他的哥哥是由其母亲带大的，母亲为他们请了最好的家庭教师，这一切为他们奠定了古典文学和数学的良好基础。然而令人难以置信的是，洪堡小时候对科学不感兴趣，他宁愿到军队里去干一番事业。他的母亲并不赞成他参军，而坚持要他学习经济，希望他将来能做个政府文职人员。幸亏洪堡有一种与生俱有的几乎对各种新鲜事物“贪得无厌”的好奇心，加上洪堡的家庭数学教师把他介绍给聚集在柏林的一个知识分子沙龙——这里经常有一些著名的学者进行科学演讲，还包括一些示范实验，这不仅满足了他的好奇心，也把他引向了科学的道路。

18世纪80年代末，洪堡进入格丁根大学，在这里，洪堡遇到了刚参加库克船长南洋远航归来的植物学家乔治·福斯特。交谈之后，洪堡对植物学的研究发生了浓厚兴趣。他们俩循着莱茵河岸徒步旅行到荷兰，然后乘船去英国考察。洪堡转入萨克森的弗赖堡矿业学院，师从“水成派”鼻祖维尔纳教授学习地质和采矿等课程。毕业后到普鲁士矿产部供职，并周游世界各地，从事植物学、地质学和气象学研究。

洪堡的母亲去世后，他继承了一笔小小的遗产。于是他便辞去政府官职，筹划去美洲进行长途科学考察旅行。虽然美洲早在200多年前就被哥伦布所发现，但它的自然面貌对欧洲科学家来说仍然是陌生的。

洪堡初次来到这新发现的南美洲大陆，他用探索的眼光来看这个奇异的世界，同时用科学的头脑思索着这一切的根源。他与邦普朗坐小船和独木舟，沿着委内瑞拉最大的河流奥里诺科河行进了2760千米，对大部分无人居住的森林区进行了测量和制图，证实该河通过一条支流与南美第一大河亚马孙河相通。途中，他们不得不以香蕉和鱼为主食，而且还经常遭到成群蚊虫、蚂蚁和其他昆虫的叮咬以及毒蛇、食人鱼和鳄鱼的侵袭。几乎每个人都患了热病，然而洪堡似乎天生就有免疫力，他坚持观察并记录下各种自然现象，用仪器测定经纬度。他还收集了数以千计的植物和岩石标本，并把它们全部运往古巴。

不久，洪堡和邦普朗又开始了对哥伦比亚、厄瓜多尔和秘鲁的安第斯山脉的探险。洪堡攀登和考察了厄瓜多尔境内的许多火山，为了收集从地球内部释放出来的气体，他一再走入活火山口中的深处。在仔细观察了安第斯山的岩石以后，他认为他的老师维尔纳关于岩石皆由水形成的说法是错误的，并断言花岗岩、片麻岩和其他结晶岩都是火成岩。他和邦普朗还攀登了钦博拉索山（当时人们认为它是世界最高峰），爬到海拔5878米处，这是当时人类所到过的最高点，这一记录一直维持了29年之久。在高山峻岭之中，洪堡忙着用空盒气压表测定高度，用温度表测定气温，用磁力仪测定地球磁场，观察热带山区的气温、气压、植物和农业随高度不同而明显变化的有趣现象，他还记载了因缺氧而导致的高山疾病的征象。

两人后来到达秘鲁。洪堡在沿海还测量了海水的温度，他发现这里有一股从海底向上翻腾的强大的冷水流，即秘鲁寒流，后来人们也把它称为洪堡寒流。然后洪堡和邦普朗渡海到墨西哥，又到古巴。他们把积累下来的大量考察记录、图表和日记以及约 6 万件珍贵的植物与岩石标本，集装成箱，全部运往欧洲。1804 年洪堡和邦普朗两人又到美国去旅行。最后他们从费城乘船离开新大陆，于该年 6 月 30 日返回欧洲。

他们这次在中、南美洲的旅行考察，总行程达 6.5 万千米，相当于绕行地球一圈半。返归欧洲后不久，洪堡和邦普朗便留居在巴黎，埋头分析整理带回来的 35 箱科学资料，用了将近 20 年时间，最后写成 30 卷本的《新大陆热带地区旅行记》。这部著作不仅充满了异乡奇域的旅游趣闻，还为人们提供了详细的科学调查报道。

19 世纪 20 年代，洪堡回到柏林，他的私人财产由于他的旅行和印刷发行他的科学论著而耗尽了。因此，他后来接受了普鲁士王宫一个宫廷大臣的职位。两年以后，他又应俄国沙皇的邀请，去了圣彼得堡。这时他已年过花甲，但仍雄心壮志。在那里，他骑马乘车考察了广袤的西伯利亚，从叶尼塞河直到中国边界的阿尔泰山脉，并在归途中考察里海。洪堡在途中十分注意对温度的观察，他清楚地看到在同一纬度上气温因为离海洋的远近而不同。回到圣彼得堡以后，他力劝沙皇建立起一个气象站网来定期记录天气情报。后来，俄国气象站网从圣彼得堡往东一直设立到北美洲阿拉斯加沿海的一个岛屿上。洪堡根据这些观测站的资料，制成第一幅世界年平均等温线图。洪堡回到柏林以后，开始编写《宇宙》一书，这是一部意在包罗万象地描绘地球的书，并把地球作为一个整体来描绘。

洪堡以异乎寻常的高龄，完成了《宇宙》的写作，这是一部相当准确的地理学和地质学的百科全书。几乎可以说，洪堡在这部书里奠定了地球物理科学的基础。

# 科学交流的先驱李希霍芬

李希霍芬是德国著名的地理学家、地质学家，近代早期中国地学研究专家。

李希霍芬19世纪30年代出生于普鲁士上西里西亚卡尔斯鲁赫（今属波兰），50年代毕业于柏林大学，曾任柏林国际地理学会会长、柏林大学校长、波恩大学地质学教授、莱比锡大学地理学教授等。他早年曾研究蒂罗尔和阿尔卑斯山脉地质，成功地建立了南蒂罗尔的三叠系层序。他在中国辽宁、山东、山西和河北北部建立了3条系统剖面。他首先提出了“五台系”和“震旦系”等地层术语。

他对喀尔巴阡山、多洛米蒂山和特兰西瓦尼亚区域地质的研究也卓有成效。19世纪60年代，他作为地质学家，访问了锡兰（今斯里兰卡）、日本、爪哇岛、菲律宾，并从曼谷旅行到缅甸。他还在美国加利福尼亚进行地质调查，发现了金矿。

李希霍芬于19世纪60年代末到中国进行地质地理考察，历时几年，走遍了大半个中国（14个省区）。回国之后，他先后写成并发表了5卷并带有附图的《中国——亲身旅行的成果和以之为根据的研究》。这套巨著是他几年考察的结晶，对当时及以后的地学界都有重要的影响。

他在这本书的第一卷里，以专门的章节论述了中国的黄土，最早提出了中国黄土的“风成论”。他也采集了大量各门类化石，收集了很多各时代的地层资料。德国古生物学家弗莱希、施瓦格、凯塞尔等对李希霍芬所采化石的研究论文也发表在《中国》各卷中。

他对中国造山运动所引起的构造变形有开创性的研究。他在山东、北京西山、大青山、五台山等地发现了许多褶曲和正断层，在秦岭发现了逆掩构造，在《中国》第二卷中的“中国北方构造图”上，他画了一条被称为“兴安线”的推断构造线，这条线从兴安岭经太行山，一直到达湖北宜昌附近。他还提出了中国北方有一个古老的“震旦块”，是一个具有时间关系的地质构造单元。

他在《中国》第二、第三卷中，将中国各地火成岩作为地层剖面中的一部分加以描述，如辽东古老的高丽花岗岩、秦岭天台山志留纪花岗岩、南京山地花岗岩、安山岩和玄武岩等。

李希霍芬为中国地质、地理之研究作了奠基性、开创性的贡献，尤其为当时的中国带来了近代西方地学、地理之研究成果和风气。

## 为岩石而生的鲍文

鲍文，加拿大地质学家、岩石学家和矿物化学家。

鲍文生于加拿大安大略省金斯顿，在金斯顿女皇大学攻读化学、矿物学和地质学，后转入美国波士顿麻省理工学院。曾利用假期在加拿大安大略省矿业局工作，并为加拿大地质调查局在不列颠哥伦比亚太平洋铁路沿线工作。后来，他在华盛顿卡内基学院地球物理研究室从事多种矿物实验研究，取得博士学位以后，又回到该研究室，并在那里断断续续工作了40年。

鲍文年仅28岁时就在岩石学极关键的问题上完成了一系列实验性的研究，并写成重要论文《火成岩演化的晚期阶段》，开始确立了他在岩石学上的地位。第一次世界大战结束后，他回到女皇大学任矿物学教授。接着，他返回华盛顿从事研究工作。他为专攻硅酸盐系统化学前后花了16年时间。他研究并尝试把实验物理化学数据用于野外岩石学的问题研究，在这项工作的后期，他亲自考察了与火成岩问题有关的标准产地。

鲍文在美国普林斯顿大学为地质系高班学生讲授他在岩矿学领域长期研究得到的成果，并写成专著《火成岩的演化》。此巨著主要依据他对安大略省火成岩的研究和熔岩结晶的室内实验。他正式提出了“反应原理”，科学界称为“鲍文反应序列”。

后来，鲍文与参加耶鲁大学实验室的实验学家J. F. 沙雷伊尔合作研究含铁的硅酸盐系统，接着，鲍文应芝加哥大学之邀担任“C. L. 哈钦森功勋岩石学教授”，他在那里很快发展了一个实验岩石学学派，并由他的从事碱性系统平衡研究的学生们写出了一系列论文。几年后，鲍文再次回到卡内基学院地球物理实验室，研究包含挥发成分特别是水分的矿物系统。他与O. F. 塔特尔合作进行花岗岩的研究，取得很大成就。

鲍文似乎是为岩石学而生，为了岩石学、矿物学的研究，他奉献了自己的一生。

# 征服北极的南森

南森是挪威的一位北极探险家、动物学家和政治家。他由于跋涉格陵兰岛冰盖和乘“弗雷姆号”横跨北冰洋的航行而在科学界扬名。

南森生于挪威的奥斯陆附近，他年轻时勤奋好学，成绩优异，获哲学博士学位。他曾建议滑雪横越格陵兰岛，然而他这一提议不为世人所理解，挪威政府也拒绝资助他。于是，他就去丹麦募集资金。然后，他同5位助手乘坐一只海豹捕猎船登上了荒凉的格陵兰岛的东海岸。一路上他们战胜了种种意想不到的困难，经过400多英里的长途跋涉，最后终于精疲力竭地抵达目的地，第二年春回到挪威，他成为人们眼中的英雄。

早在19世纪80年代的某一天，他在当地的报纸上读到一篇有趣的文章，文章写道：最近在格陵兰岛的西南沿海发现了一艘3年前沉没在西伯利亚近海中的北极探险船“珍妮号”的残骸。是什么力量使这些残骸从远在2000英里以外的北极的那一头漂到这里来的呢？当时文章的作者认为这是由一种尚未查明的洋流造成的，南森对这个假设很感兴趣，为此找了大量的资料来加以证明，其中一个比较有说服力的事情是在格陵兰岛近海也曾发现过从西伯利亚森林中漂过来的木头和阿拉斯加北部爱斯基摩人制造的一种木兵器，为了实地证明，他决定到北极进行一次探险，利用洋流来自行漂流，以验证是否会出现和“珍妮号”一样的结果。

在探险格陵兰岛取得成功之后，他得到了充分的在极地附近生活的经验，同时也赢得了上至国王、下至普通百姓的支持，趁此时机，南森向克里斯蒂安娜地理学会提出了自己的建议——专门建造一只船，让其在西伯利亚的海面上封冻，然后向北漂移越过北极，并用这个机会探清广大北极地区的奥秘，这个航程约需2—5年，人们纷纷解囊资助这次探险。当时挪威政府提供了大部分资金，这样一来，资金问题很容易就解决了。

下一步便开始着手具体的措施，首先得有一艘特别的船，这种船必须经得起流水的碰撞，为此，南森与著名的苏格兰造船家科林·阿切尔共同设计了一只粗短而坚固的船，这只船的船头、船尾和龙骨都做成流线型，使冰块无法抓住船的任何一部分。这只新设计的船长128英尺，三桅帆，能容纳13个人和够5年用的燃料和食物，随船还配备了一台蒸汽机作为补助动力，船上还装有一台可由轮机、手摇或风车带动的发电机，供在北极圈内过冬时使用，这艘命名为“前进号”的探险船下水后，人们都把发现北极的希望寄托在它的身上。

第二步工作就是选择合适的探险成员，准备好供应品和设备；征求专家们的意见，制订出详尽的探险计划。几个月后，这些准备活动才完全就绪。“前进号”正式开始向北极区航行，花了差不多一个月，前进号从挪威的最北端驶过，驶入北极海域，不停地向东前进，在浮冰群中迂回了几个星期后，沿着俄国北部海岸驶完3/4的路程。这时按计划掉头向北，勇猛地向北极驶去。不久后，在远处海平线上透过海雾隐约地显出一条细长而致密的冰缘。南森从浮冰群中找到一个缺口，命令把船头朝向冰堆驶去，关掉发动机，观察动静，这是考验“前进号”的时刻。“前进号”已被厚厚的冰块围住了，浮冰之间夹有能迅速冰冻的融冰浆，四面看不到海水，只见一望无际的冰原。“前进号”就像是行进在一个冰的峡谷之中。

“前进号”在缓慢而艰难地行进，有时候甚至不知道它究竟有没有移动，探险队员们只有耐心等待洋流把他们漂送到北极。在船被封冻期间，船员们的主要工作还是认真地进行各项考察项目。每4小时就记录一次天气数据，隔一天进行一次天文观测。他们还测量海洋的温度、盐度、深度和洋流，从海底挖取样品，仔细测绘前进号航线。

在第二个冬天到来时，南森向船员们提出这样一个想法，由他带一个助手离开“前进号”，用冰屐、滑雪鞋、狗拉雪橇和兽皮船从冰上直奔北极，然后再从北极向南走，那样也和“前进号”的目的一样，只不过不再是被动地靠洋流，而是主动地靠人自己。他的计划得到大家的赞同，南森最后只选定了一个预备役海军军官约翰逊做助手。南森决定在二三月份出发，因为上一年他曾观察过，这时冰面最平坦，最适于狗拉雪橇行走。

三月，南森和约翰逊离开“前进号”，踏上征程，在临行前，南森做了认真细致的准备，尽量做到万无一失。在他们离开“前进号”时，距离北极只有350英里，这在历史上是一个值得记录的数字，因为以前从未有一只船这样靠近过北极。南森和约翰逊在一望无际、似乎可以一直通到北极的平坦的冰原上疾驰。最初几天，他们往往每天可以前进十几英里，如果能保持这个速度，不久即可大功告成。然而好景不长，他们很快就陷入了由无数冰脊组成的迷宫。这段时间里，白天融化成的一潭潭冰水一到夜间便结成冰，并且冰情还有越来越坏的趋势，南森又开始疑惑了，虽然他们每天都向前跑了几英里，但到晚上对照星座一测量，发现仍停留在昨晚的位置，原来，他们拼命向北跑，而浮冰却向南移，两者一抵消，他们便只得在原地不动了。于是他们再度改变自己的计划，决定掉头向南退却而放弃了向北极挺进的想法，这个时候，他们离北极只差224英里了，这也是前人从未达到过的一个纪录，带着遗憾，他们掉头朝南面大约还有400英里的法兰士—约瑟夫地群岛出发。

时间进入五六月，北极区短暂的春天开始了。覆盖在冰上的新雪由于气温升高，都化为深可及膝的雪浆，使行进更加艰难。入夏以后，海鸥和其他水禽经常在头顶翱翔，这说明陆地就在不远了。可是，直到几个月后，他们才在远处地平线上看到一个海岛。这就是他们所要寻找的法兰士—约瑟夫地群岛，又过了两个月，他们登上了这个海岛。他们在各个海岛上进行勘测，收集地质标本。他们不得不在这个荒无人烟的岛上度过他们在北极区的第三个冬天。

慢慢地，冬尽春来，他们看到了第一批候鸟从南边飞来，都欣喜若狂。他们又开始了新的航行，他们把用品装在兽皮船上，再把兽皮船绑在雪橇上。这样既可在冰上行走，又可在水面上行走，然而不幸有一天船被海生动物撕开了侧板，他们不得不登上附近的一个小岛。在岛上，他们竟然碰到了南森认识的英国北极探险家弗雷德里克·杰中逊。在他的帮助下，南森安全返回。

南森回国一个星期后，“前进号”也安全返回。和南森预料的一样，“前进号”后来继续随着洋流漂移，尽管最后偏离了北极，但还是安全地通过了北极海区。整个挪威都被南森和“前进号”的成功轰动了。南森，这个伟大的探险家，就这样把自己的名字留在了挪威乃至整个世界的人们的记忆里。

南森和“前进号”的北极漂流，是人类历史上的伟大创举。在他之前，从没有人有这样的勇气和胆略去完成这样一次伟大的探险行动。南森，开创了人类探险史上一个崭新的时代。